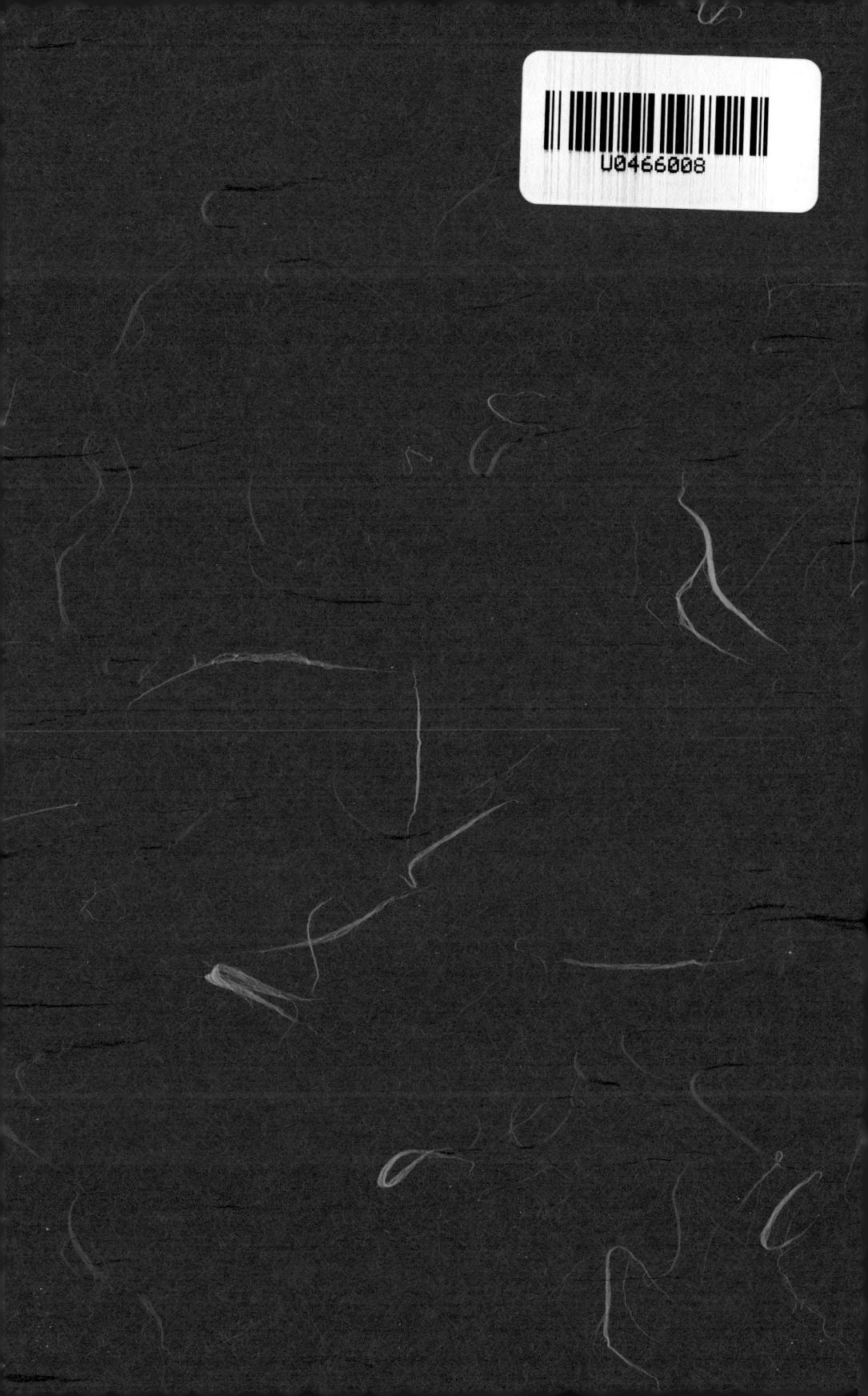

儿童技能教养法

（11~22岁）

[荷]卡罗琳·贝默尔-皮特斯
Caroline Beumer-Peeters
[芬]本·富尔曼
Ben Furman
著

李红燕 黄东梅 译

Mission Possible
Kids' Skills for Teenagers and Adolescents

华夏出版社
HUAXIA PUBLISHING HOUSE

图书在版编目（CIP）数据

儿童技能教养法 . 11–22 岁 /（荷）卡罗琳·贝默尔 – 皮特斯 (Caroline Beumer-Peeters),（芬）本·富尔曼 (Ben Furman) 著；李红燕，黄东梅译 . -- 北京：华夏出版社有限公司，2023.7（2024.6重印）

书名原文：Mission Possible: Kids' Skills for Teenagers and Adolescents

ISBN 978-7-5222-0491-8

Ⅰ.①儿… Ⅱ.①卡… ②本… ③李… ④黄… Ⅲ.①青少年教育 Ⅳ.① G775

中国国家版本馆 CIP 数据核字（2023）第 048592 号

Mission Possible: Kids' Skills for Teenagers and Adolescents © Caroline Beumer-Peeters

版权所有，翻印必究。
北京市版权局著作权合同登记号：图字 01-2019-7862 号

儿童技能教养法　11–22 岁

作　　者	［荷］卡罗琳·贝默尔 – 皮特斯　［芬］本·富尔曼
译　　者	李红燕　黄东梅
责任编辑	王凤梅
责任印制	刘　洋

出版发行	华夏出版社有限公司
经　　销	新华书店
印　　刷	三河市万龙印装有限公司
装　　订	三河市万龙印装有限公司
版　　次	2023 年 7 月北京第 1 版　2024 年 6 月北京第 3 次印刷
开　　本	710×1000　1/16 开
印　　张	16.25
字　　数	125 千字
定　　价	69.80 元

华夏出版社有限公司　网址：www.hxph.com.cn　电话：(010) 64663331（转）
地址：北京市东直门外香河园北里 4 号　邮编：100028
若发现本版图书有印装质量问题，请与我社营销中心联系调换。

在你没有钥匙的时候，每一扇门都像是一堵墙。一旦找到了钥匙，探知了奥秘，那扇门就变成了一条通道。只消轻轻一推，你就被迎进门内。

尼尚特·马修斯

目录 CONTENTS

序言一 / 001
序言二 / 004
前　言 / 001

第一章 开篇

焦点解决的方法 / 003
　　焦点解决法的基本要点 / 003
　　问题的恶性循环 / 005
　　恶性循环 / 006
　　聚焦问题 vs. 焦点解决 / 007
　　什么是"焦点解决的工作方式"？ / 013
　　焦点解决的基本假设和原则 / 013
　　最重要的焦点解决方法工具 / 014

"梦想成真" / 020
　　"梦想成真"教练项目简介 / 020
　　"梦想成真"教练流程 11 步概要 / 023
　　自主动机 / 027
　　提升动机的五大要素 / 031

第二章 以内在动机奠定牢固的基础

第 0 步："愿意改变" / 041
　　建立自主动机 / 041
　　青少年何时自己"愿意改变"？ / 043
　　个案类型 / 049
　　对各类来访者的干预 / 057

第三章 明确目标

第 1 步：目标 / 065
　第一步在做什么？ / 065
　描述期待的未来 / 067
　鉴别并选择目标 / 087
　变消极为积极 / 093
　分解目标 / 094
　使用"拆解五连问"的好处 / 095
　"拆解五连问"详析 / 096

第 2 步：好处 / 100
　消解不安全感 / 101
　强化动机 / 101

第四章 建立信心和自信

第 3 步：支持者 / 105
　支持者的重要性 / 106
　谁有资格成为支持者？ / 107
　邀请支持者 / 112
　教练的角色 / 115

第 4 步：象征符号 / 117
　援助之手 / 118
　象征符号：承诺的象征 / 119

第 5 步：相信和自信 / 124
　列出乐观的理由 / 124
　什么才算是"好理由"？ / 127
　为什么别人相信你会成功？ / 127
　赞美的力量 / 128

第 6 步：资源：乐观的理由 / 137
　　发现内在资源 / 137
　　提升察觉力和自信心 / 140

第 7 步：测评 / 141
　　关注取得的进步 / 147
　　量表问题的使用技巧 / 148
　　测评：基本要点 / 160

第五章　第 8 步：行动 / 165
推动进步　　收集好点子 / 166
　　　　　　承诺与确认 / 167

第 9 步：日志 / 168
　　记录和辨识进步 / 169
　　推动进步 / 171
　　与他人分享 / 172
　　选择一种形式 / 173
　　写日志的技巧和点子 / 174

第六章　第 10 步：应对挫败 / 179
采取行动　　挫败的意义 / 179
　　　　　　为应对挫败做好准备 / 186
　　　　　　应对挫折 / 187
　　　　　　生活即是道场 / 189

第 11 步：庆祝成功 / 195
　　什么时候庆祝成功？ / 195
　　什么时候谈论成功？ / 197
　　感谢支持者 / 203

第七章　陷　阱 / 207
教练的行业诀窍　　陷阱的种类 / 208
　　从陷阱中爬出来 / 210

做"梦想成真"项目的团队教练 / 216
　　为实现团队的共同目标而努力 / 217
　　在团体中实现个人目标 / 220
　　教练的角色 / 221
　　教练的局限性 / 225
　　关注当下 / 226
　　处理情绪 / 227
　　是帮助，还是邀请？ / 232

后　记 / 243

序言一
本·富尔曼医生

青少年往往会有很多问题。他们中的很多人在发展过程中的某个时刻会需要来自外部的支持和指导。然而，帮助青少年绝非易事。这个年龄段的孩子对于来自成年人的劝导——告诉他们该做什么或者怎么去做——是极其抗拒的。自主权是青春期的一个标志。如果我们硬要把自己的主张强加在他们身上，就会招致反抗。然而，如果我们能换一种做法，去支持他们达成自己想要的目标，也许更有可能帮助到他们。

帮助青少年的关键在于激发动机。你记得那个古老的关于换灯泡的笑话吗？问："换一个灯泡需要几个心理治疗师？"答："一个就够了。不过，那个灯泡自己得想要被换才行。"

你确实能够帮助他们达成目标，只是你的工作方式需要依循他们的内在动机，帮助他们改变那些他们自己想要改变的东西。"梦想成真"模式所依据的就是简单的动机理论，它包括以下几个基本真相。

第一个真相：要想让一个人改变，必须让他感到这是他自己想要的，这个改变对他是有价值的。

第二个真相：他要相信这是他可以做到的。他要有足够的理由支撑自己的信心，感到这个改变是可能的，这个目标是能够实现的。

第三个真相：他要能够体会到自己正在取得进步，正朝着对的方向稳步前行，而不是停滞不前。

"梦想成真"模式的教练流程就是建立在这三个核心真相之上的。使用这个模式跟青少年对话的时候，绝不能将你的想法强加给他们。相反，你要询问他们的梦想和愿望。不管得到怎样的回答（当然不能是不道德的或者反伦理的），你都要表现出足够的尊重。然后，请他们去思考，为了实现那个梦想，他们需要做出怎样的改变。年轻人要自己决定目标。若想要保持初始动机，一定要记住：一个人的目标是跟他的梦想紧密相连的，而不是来自他人的期待。

只要设定了这样的目标，我们就可以利用第二个基本真相为他赋能，让他相信自己做得到！"梦想成真"模式的教练流程的每一个步骤都在帮助他树立信心，达成目标。引导他回顾从前的成功经验，发现自己潜在的资源，意识到已经取得的进步，招募支持者，制订每一小步的行动计划……如此，那个目标变得切实可期，不再遥不可及，不仅值得去努力实现，还有具体的操作步骤可以执行。

对年轻人来说，朋友是他们生活中最重要的伙伴，也是最具影响力的。朋友的影响或好或坏，既可以拖他们下水，也能推动他们进步。"梦想成真"模式把朋友看作一种资源，鼓励他请所有重要的朋友参与他为实现目标而采取的行动。当这些朋友一起支持他并关注他的成功时,就会加持他的成功,从而大大降低那些意外出现的有可能阻碍他取得积极进步的风险。

项目启动之后,你肯定会希望它能够顺利进行,达成既定目标。第三个真相提醒我们,要帮助青少年体会到他们正在取得进步。如果感受不到自己的进步或成功,最初的动机就有消耗殆尽的可能。在实施"梦想成真"项目的过程中,你要帮助青少年多多看到自己的进步和成功,不仅仅是那些显著的进步,也包括一些微小的改善,这些都是走向成功的证据。成绩会被凸显,所有积极正向的改善信息都会在支持者群体中不时地被分享,带动大家进行健康的社交互动。

我们确信,只要运用得当,"梦想成真"模式能够成为你与青少年工作时得心应手的工具。它是一个简单的分步教练流程,不是什么用来搞定青少年的秘密武器或者策略。你可以大大方方地把这个项目模式介绍给前来寻求帮助的年轻人。这些步骤给出了一个约谈的架构,但是依然留有很多发挥的空间,让你们的对话充满创意、个性化十足,并新奇有趣。

书里面收集了很多背景信息、点子、故事、案例研究,还有一些教练工具和建议,希望可以给你一些启发,让你能够享受跟这些处于特殊年龄段的孩子们一起工作,并富有成效。

序言二
卡罗琳·贝默尔-皮特斯

在千禧年2000年到来之际,我有幸遇到了"儿童技能教养法",这是本·富尔曼医生和他的团队开发的帮助儿童克服各种情绪和行为问题的一种方法。那时正值我遭遇人生挑战之际,我立刻意识到这是我收到的一个"大礼包",我毫不犹豫地张开双臂接受了这份厚礼。基于焦点解决理论的"儿童技能教养法",于我而言是一种全新的思维方式和生活方式,每天都给我带来惊喜:有时是困惑,有时是感动,但总是那么独特——就像每一个我有幸与其合作的孩子或成年人带给我的感受一样。

没有相同的解决方案,也没有一个结果可以预期。我需要学着习惯这一切。以结果为导向,总是思考解决方案而不是问题,曾经的我大多数时候都非常习惯以目标为导向,只是……那是谁的目标?那是谁的解决方案?

所幸的是,我很快就适应了去持有"不知道的立场"。而我的好友兼导师尼尚特·马修斯那些充满智慧的教导令我受益匪浅。

最初的怀疑是在我担心失去控制、担心无法掌控过程、担心出错的时候浮现出来的。一旦我放下这些,就马上体会到一种全新的放松感，豁然开朗，原来并不是我一个人——一位教练或咨询师——在面对问题及提供解决方案。

使用"梦想成真"教练流程时，我唯一的任务就是关注我的个案，让个案启动自己的进程。其中的秘密就是，安住当下，带着真诚的好奇，无条件地陪伴他。以绝对的信任，敞开心扉去面对在那个特定时刻发生在对方身上、在我身上、在我们互动中的任何事。我只需要相信，在某个时刻，所有的信息和答案都会自我呈现，这些信息和答案来自我们栖身的这个宇宙深处的无穷的创造力。

事实证明，用这样的方式与他人一起工作——无论是哪个年龄段的人——只要当事人愿意为自己的问题负责，愿意探索自己问题的解决方案，结果都非常不错。这个方法能够激发儿童、青少年和成年人为自己想要的未来采取措施、承担责任，全心全意地为自己的目标付出努力。每一次的约谈内容都是不同的，每一个来访者都是独特的；每一次见面都在努力满足来访者自己的需求，在美好快乐的当下收获着信心。当我不再执着于分析问题的根源时，一切都变得轻松起来。那些羞耻感和罪恶感就消失了。谈论问题以及问题的根源只能让人退缩并感到焦虑，而问到"你有什么样的期待？"时却能够引发个案的反思以及对未来的想象。

用"儿童技能教养法"工作了一段时间后，我发现自己需要做一个适合与青少年一起工作的教练项目。本·富尔曼医生刚好在此之前为专业的医护人员设计了一个"梦想成真"模式，帮助那些需要住院护理的青少年。在富尔曼先生的支持下，我开始尝试把这个模式用于住院护理以外的青少年辅导领域。经过不断地试错，最终完成了这个更加适于普遍意义上的青少年辅导的新版的"梦想成真"教练项目。

在使用"儿童技能教养法"来教导低幼儿童时，几乎所有的孩子都表现出乐于合作的意愿。但使用"梦想成真"模式与青少年工作时，教练则需要高度关注并保持与这些年轻人的平等合作关系，更加需要调动他们的自主动机。可以说，"梦想成真"模式的整个流程需要在坚实的自主动机的基础上展开。

这本书是为所有对焦点解决法感兴趣的教练、治疗师、教师和咨询师所写。如果您想要探索如何在不同的情形下运用"梦想成真"模式与不同的青少年个案工作，这本书将为您详细阐释教练流程的 11 个步骤，可以帮助您更好地与青少年展开工作。事实上，这本书告诉您如何调动青少年的内在动机，因为正是内在动机为青少年赋能，他们才愿意在成长的道路上培养自己的各种技能。

这本书也是一本使用《"梦想成真"自我教练手册》的操作指南。跟富尔曼先生所著的《儿童技能教养法》一样，这本书介绍了分步流程、背景信息、一些点子、案例故事，还有一些建议，令您跟青少年的工作更加有趣并富有成效。

我知道这本书并不是尽善尽美，也无法回答您所有的问题，因此在本书的后面，特别列出一些参考书目。我真心地向您推荐这些书，因为我知道它们一定能够在您使用这个教练流程的时候帮助到您！

前 言

"梦想成真",一个辅导青少年个人发展的教练项目

"梦想成真"是一个简单而有效的教练项目,由11个步骤或称为11个任务组成,可以用来帮助青少年设定目标并成功实现这些目标。完成"梦想成真"的项目流程本身也是一种学习体验,参与者将更容易达成目标并实现自己的梦想。这些步骤可以引领个案学习利用自身的优势和资源来改变困境。就像"儿童技能教养法"一样,这是一个基于焦点解决法的教练流程。它也是一种思维方式,我们将在下面章节进行详细讨论。"梦想成真"项目专门为11至22岁的年轻人设计开发并在教练或治疗师的指导下完成。

"梦想成真"项目模式既可用于个人教练,也可用于团队教练。在做团队教练时,参与者既可以确定一个共同的目标,也可以各自设定个人目标。在后一种情况下,参与者可以成为彼此的支持者,相互帮助。您会在阅读这本书的过程中逐渐了解这些做法。

第一章

开 篇

焦点解决的方法

曾几何时，心理学和教育学领域的研究工作都聚焦于人类行为中的弱点、缺点和缺陷上。人们执着于查找导致问题出现的可能原因，并努力"修复"创伤和先天不足造成的伤害。在教育领域，专家们也多把焦点放在改善和消除不良行为方面，而达成这些目标的方式主要是矫正和惩罚。

很少有人去研究人类的自我健康机能。对于如何解决人类存在的诸多问题，长久以来人们通常都是以尝试理解人类的消极行为的角度来进行研究。其结果是人们对想要的健康行为所知甚少。

所幸的是，近年来关于人类的幸福健康方面的研究有了显著的积极发展。感谢那些杰出的先驱者，让我们有了一些不一样的更好的方法。"梦想成真"模式就是这样的一个方法，它是在米尔顿·埃里克森医生的焦点解决心理学、欣赏式探究以及积极心理学基础上诞生的。

/ 焦点解决法的基本要点 /

实际上，焦点解决法的基本原理相当简单。运用焦点解决法进行工作的教练不关注个案所呈现的问题，而是通过问询和查找例外情况，去发现可能已经发生的任何改善的迹象。

事实上，问题并不总是一直出现。教练的工作是帮助个案明确他的期望，确认他所期待的改变或者想要解决的问题得以缓解的那个目标，帮助个案识辨出已经出现改善的那些蛛丝马迹。一个有效的方法是请个案准确地描述"问题没有发生的那个时候恰巧发生了什么？"焦点解决理念相信唯一没有例外的准则是："任何问题都有例外。"或者说"总有例外情况，问题并不会一直出现！"

这种方法对那些导致"例外情况"以及事情进展顺利的原因进行深入分析，从中去发现那些有用的信息。这与我们惯常的做法相反，因为大多数人都习惯于首先查找并分析问题的根源所在。如果你的身体生病了，或者面对一些机械故障问题时，这样做无疑是正确的。但是，当你处理的是人际关系问题或心理问题时，这样做未必会有成效，有时甚至会适得其反。

教练就是帮助个案去发现他自己的资源，从而找出能够帮助他实现目标的那些有效做法。资源是指一个人拥有的能力和品质，以及他以前的经历。这些经历是好还是坏并不重要。从某种程度上来说，所有的经历都具有教育意义，都有可能提升一个人成功解决问题的能力。焦点解决理念的出发点是假设个案——无论是成年人还是孩童——原本就拥有解决自己的问题所需要的资源，只是缺少足够的意识或洞察力，因而不能在问题发生的当下调用这些资源。焦点解决教练能够帮助个案认识到自己拥有这些资源，并鼓励他把觉察所得应用于实践。这就是教练引导个案进行自我改变的方式。

没有哪一种看待事物的方式是绝对"正确的"。各种不同的原则和方法可能同样有效。焦点解决教练总是让个案自己选择从哪里着手，教练只是跟随他的选择。详细地分析问题及其根源，对寻找解决方案的帮助少之又少。此外，这种"探究问题产生的根本原因"的做法往往会带来许多我们并不想要的东西，如消极的心态、指责性的陈述和防御性的解释。

/ 问题的恶性循环 /

在描述问题并分析问题的潜在原因时，某人做了某事会被自动判为"有罪"。如果原因归咎于某个人，"情绪因素"就会立即开始发挥其作用：被指责的人必定会为自己辩解。这当然是很正常的反应，哪个人处于这种境地不会有这样的反应呢？然而，任何一个曾经落入这种境地的人都知道，此时此刻想要用积极的心态去解决问题有多么艰难。人们的情绪会在很大程度上影响解决问题的决策过程。负面情绪会妨碍人们创造性地寻找有效的解决方案，因为寻找解决方案是需要时间和能量的。在这种情况下，通常最好的结果也许就是妥协了，即找到一个相关各方都能接受的折中方案，让每个人都得到一些尊重和安抚！由于这样的妥协方案通常并不能使所有各方完全满意，问题并没有得到真正的解决，所以极有可能在未来的某个时刻引发新的问题。如此一来就有可能形成一种恶性循环：

1. 描述问题
2. 解释问题并查找原因
3. 做出指责性的陈述
4. 辩解、反击，拒绝承担责任
5. 产生坏情绪，没有合作的意愿
6. 没有找到创造性的解决方案，或者只是争取妥协
7. 没有进展，又出现新问题
8. 描述和解释新问题，没有进展，如此往复……

/ 恶性循环 /

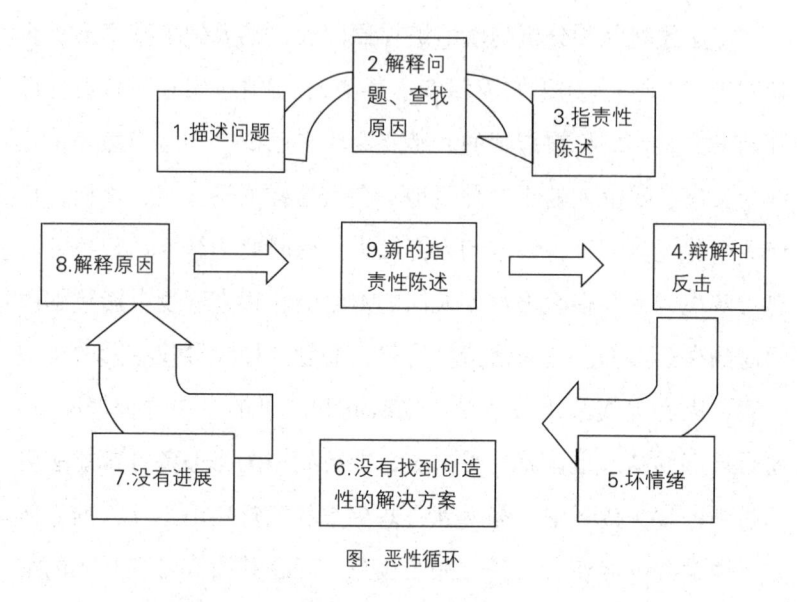

图：恶性循环

来源：改编自《持续改变》，本·富尔曼和塔帕尼·阿赫拉著

上图是用"聚焦问题"的方法解决问题的流程图，它与焦点解决（即"聚焦于解决方案"）的模式相反。目前人们在日常生活中仍然使用这种传统的解决问题的模式，并受其困扰，尽管阿尔伯特·爱因斯坦很久以前就指出，"用探究如何产生问题的思维方式来解决问题是不可能的"。他认为，如果一种方法没有用，最好停下来，换另一种方法再去试试。这种想法貌似浅显易懂，但人们在生活中却并非总是以此行事。2002 年，马克·麦克高（Mark McKergow）和保罗·杰克逊（Paul Jackson）——两位英国焦点解决领域的杰出代表，也曾经用很简洁的语句告诉我们："要么改变你

的行为，要么改变你的看法！"意思是，如果你陷在困境中，请尽量改变你的行为，否则就改变你看待世界、思考和感受世界的方式。允许自己以一种不同的方式观察和思考，往往会让你看到新的可能性。我曾听说，特蕾莎修女——她一生都在照顾加尔各答贫民窟里极其贫穷的人——在一次采访中被问及何以能够承受如此繁重的工作时，她回答说，她在所有的人身上看到了上帝的存在。她说，在这些贫苦的人身上，上帝只是一张脏兮兮的脸，需要关爱！

/ 聚焦问题 vs. 焦点解决 /

让我们将聚焦问题（Problem-focused）的方法和焦点解决（Solution-focused）的方法放在一起做个比较，看看它们之间的差异。

也许你一眼就会看到这样一个区别：在聚焦问题的模式中，人们倾向于审视过去发生的一切，试图去分析问题，查找问题发生的原因，人们关注的是"发生了什么"以及"事情是如何偏离轨道的"。因此，很难不去追究"原因"，也很难不去指责责任人。

在帮助孩子解决纷争的时候，最常听到的一句话也许就是："是他先开始的！"这当然是可能的，但即使真的是"他"先开始的，事情也会从这一刻起变得复杂起来。真的是这个孩子先打了另外一个孩子吗？他为什么动手打了别人？是另外的那个孩子未经许可就拿走了他的玩具吗？是父母教给孩子让他在争吵时主动出击吗？或者也许是因为另外一个在旁边围观的孩子为起冲突的一方拉了偏架？你看，通过分析已经发生的事件，试图找出谁对谁错，会很容易让你蹚入浑水。在大多数情况下，事实的真相是很难厘清的。记忆是容易出错的,每个人心里认定或看到的"事实"往往只是他对"真相"的感知,对事件本身做客观分析几乎是不可能的。若问三个孩子到底发生了什么,很可能会得到三个不同的答案版本。在争论谁是谁非中,往往会不止一方受到责备并拒绝承担责任。

当以焦点解决的角度来处理此类情况时,重点就会关注在当下。拿上面的这个案例来说,三个争论不休的孩子在某件事情上持有不同的意见,你可以首先认可每个孩子的情绪,给他们一些缓冲时间之后,就直接把关注点转到你的期待上。此时比较合适的问题可能是:"你们希望看到的状况是什么样的?你们觉得该怎么做,才能避免问题发生呢?"

不用惩罚的手段去控制孩子,而是试图通过与孩子的合作来影响当前的状况,这样一来,孩子就能平静下来。没人被责备,就更容易也更有可能想出一些积极有效的解决办法。没人感到被攻击,无须做出防御性反应,就能避免引发情绪升级,不会面临更多的指责或旧事重提等难堪场面。那些不断升级的负面情绪和指责通常都只能使问题本身以及解决问题的过程变得更加复杂,正如上文所描述的"恶性循环"。

简而言之,焦点解决模式提倡的原则是:

- 没有损坏,就不必修理。
- 有效的方法,多多使用。
- 无效的方法,停止使用。
- 做点不一样的来替代无效的做法。

运用焦点解决的方法，不需要一直去琢磨那些缺陷和不完美，或者说，你几乎可以不去理会那些"诊断"。

无论是对专业人士还是对家长，"不去理会那些诊断"的做法都是需要慢慢习惯的。在当前的体系中，专业人士会发现，完全践行这一原则是很困难的。一些习惯从问题出发的人，总是需要透过某种诊断去解释问题的成因。而另外一些人即使心里想要百分之一百地运用焦点解决的方法，也仍然需要借助某种"权威诊断"，才能调用所需要的资源，获得必要的预算。目前依然会出现这种尴尬的局面，希望不久的将来有所改善。遗憾的是，在此之前，与儿童和青少年打交道的专业人士将不得不忍受这种模棱两可的状况。

对于那些孩子有问题的父母，"诊断"通常有着不一样的意义。对他们来说，"诊断"是一个重要的里程碑，让他们意识到了问题的严重性，并开始寻求帮助。诊断，为孩子的问题提供了更具体的解释，也帮助家长洗白了名声。这个权威诊断，可以让他们在某种程度上获得解脱，不再觉得自己是无能的，或者自己在抚养孩子方面犯了大错。同时，对大多数父母来说，不得不承认自己的孩子出了问题也是一件异常痛苦的事。他们需要一些专业人士来帮助解决已经出现的问题，这是可以理解的。然而，由于这些父母难以摆脱诊断带来的强烈情绪，有时会很难把注意力从问题上移开。这时运用焦点解决模式的教练或治疗师，如果能够给家长们机会谈论问题，讲述他们的故事，分享他们的感受，就会让他们感到自己被倾听和被理解了，就会对焦点解决的方法感到安心。在合作过程中，教练或治疗师会引导所有参与的家长把关注点放在进展顺利之处，而不是出了问题或者没有做好的地方。如此一来，家长们就可以在孩子的状况日渐改善的过程中获得莫大的解脱。

在为实现目标的合作过程中，需要持续记录那些正在取得的点滴进步并为此庆祝。透过关注那些微小的积极变化实现重大改善是焦点解决的重要手段。有了这种正向引导，所有参与者都能得到积极的鼓励，感受到被重视。

简而言之，聚焦问题时人们往往会有以下的倾向：

○ 关注过去发生了什么事
○ 查找哪里出了问题
○ 追问是谁或者是什么引发了问题，谁该为此负责
○ 关注缺陷和不足
○ 试图掌控局面
○ 把自己当成专家（认为只有专业人员才知道什么是最好的）
○ 预防和解决复杂的问题
○ 贴标签，下诊断

然而，运用焦点解决的方法时，主要关注以下方面：

○ 目前的状况是怎样的？
○ 你想要的未来状况是什么样的？
○ 有没有什么例外？哪些情形下问题没有发生？哪些因素起了作用？那时有什么不同？

- 辨认并关注进步的迹象
- 扩大影响，而不是控制
- 引导个案与他所处的环境相融合
- 发现并调用所有资源
- 简单化，即使用简洁、清晰的语言，从最小的改变开始
- 行动方案：针对所期待的具体的目标，制订可执行的步骤，小步推进

　　使用焦点解决的方法，需要确保个案为自己所选择的问题解决方案负责。增强责任感能够正向激发个案的独立管理意识。关于这一点，本书会在简要介绍"梦想成真"项目流程之后，分享更多更详细的内容。你会发现，当个案开始为实现目标以及所制订的计划负起自己的责任时，他们的自信心也会被极大地激发出来。用平等合作的方式同个案一起制订具体的、可实现的小目标，可以让他体会到采取这些步骤给他带来的好处，感到这样的努力是值得的！这样的成功经历，可以帮助个案从以固定型思维模式转变为以成长型思维模式（Carol Dweck – mindset, 2007）来思考。

　　聚焦问题的方法会导致人们形成固定型思维模式，避免风险，逃避责任，指责他人，拒绝学习；而焦点解决的方法会帮助人们自动发展出成长型思维，关注发展，探索未知，生发出主动的学习愿望。后者是一种内在的学习动机，一种纯粹基于兴趣或乐趣的驱动力。拥有成长型思维的个案面对挑战时，会更少恐惧，更有信心，因为他们的基本信念是"我能够不断成长"。"梦想成真"项目设计的理念就认为，一个人的才能、技能和经验被看作资源，

是起步的基石。只要一步步地去努力，人终究是会成长的。一个人的经历能够丰富他的人生。如果你认定自我提升始终是有可能的，那么在接受新的挑战时，就自然会享受其中。过程和体验才是最为重要的。

犯错误是绝对被允许的，因为人们可以从中学到很多。以这样的角度来看，所有的经历都可以让人们学到什么，变得更有经验和信心，哪怕是挫败的经历。想想那些年幼的孩子，不也是这样的吗？每一个成功——无论多么小——都同样引领着你走向下一个成功……每一个成功都在帮助你构筑一个不断成长的、积极的自我形象，慢慢靠近所期望的未来。

很少有人真的享受花时间解决问题，除非一些像数独或魔方那样既有挑战又有趣的问题。大多数人可能都会同意，处理问题通常不是那么有趣；而学习新技能或提升现有技能，努力实现某个具体目标，应该更有趣、更愉快，而且内心的抗拒也少很多。这种觉察为我们打开了进入另外一个世界的大门，获得了令人欣喜的洞见，让我们发现，每个问题的背后都隐藏着成长和（自我）提升的可能性。

中文的遣词造句中常常蕴含着很多古老的智慧。中文的"危机"一词是由两个独立的汉字组成的："危"字表示"危险"，"机"则表示"机会"。如果你把问题看作一种危机，那么这种古老的语言似乎在很久以前就向你暗示了"危险"和"机遇"并存的事实。危机最终会以何种方式落幕似乎并不总是以你的意志为转移。但是，如果你以成长型心态来看待那些与问题相关的可能性和机会，那么大多数问题似乎都可能被划入"机会"的范畴。

/ 什么是"焦点解决的工作方式"？/

焦点解决的模式最初是在传统的心理治疗领域里发展起来的，但是后来在教练和教学领域取得了相当大的成功。这种方法被证明非常方便并适用于所有年龄段的个案。

以焦点解决的模式与个案工作时，作为教练只需要置自己于当下，借助个案渴望解决问题的意愿，跟他一起达成所期望的结果。这种做法跟传统的心理治疗完全不同。在传统的心理治疗中，治疗师被当作专家，要为个案制订解决方案。而焦点解决理念认为，个案比任何人都更了解自己的情况，因此治疗师致力于与他合作，一起制订出最适合个案需求和能力的解决方案。之后照此展开一段充满尊重的短程治疗或教练过程。整个过程由个案掌控，任何所必需的改变都由个案自己负责最终作出决定。

焦点解决的工作方法是非常务实的。那些本质上非常简单的理论起源于美国帕洛阿尔托的心理研究所（Mental Research Institute, Palo Alto, USA），与维特根斯坦的哲学，甚至佛教和道教一脉相承。很多先驱者，比如米尔顿·埃里克森（Milton Erickson）医生、史蒂夫·德·沙泽（Steve de Shazer）和茵素·金·伯格（Insoo Kim Berg）等人的观点都可以看作焦点解决方法发展的源头。

/ 焦点解决的基本假设和原则 /

焦点解决的方法以若干具体假设和基本原则为基础，你甚至可以称之为"偏见"。但即便如此，它们也无一例外是积极的偏见和假设。

正是这些积极的"偏见"构成了焦点解决方法的核心。这些"偏见"也是运用焦点解决方法工作时的基本态度，它们很大程度上决定了教练如何看待他的个案，这也是这一方法有效的根本原因。"梦想成真"项目设计的理念也秉持着同样的原则和态度。以下是一些重要的原则和基本假设：

- 改变一直在发生，并且是不可避免的。
- 确认正向的改善，有效的做法多做一些。
- 所有的互动都基于合作。
- 详细地分析问题、追溯其根源通常无助于找到解决方案。
- 总有例外情况，没有什么问题是一直出现的。在寻找例外情况的过程中，解决方案的关键点会自己浮现。最好是去探究"问题没有出现的时候是什么样的情形"。
- 解决方案的线索通常就在我们眼前，我们只需要留意到它们。
- 没有"绝对正确"的看待事物的方式。可以用很多方式看待事物，换以不同的视角或方法可能同样有效。
- 由个案自己确定目标和想要的未来。
- 个案能够从自己所拥有的资源中找到自己问题的解决方案。
- 在想要的方向上做出很小的改变可能会产生巨大的效果。
- 没坏的就不要去修理。

/ **最重要的焦点解决方法工具** /

　　焦点解决的方法有其独特的思维方式和工作方式。它与其他方法有着根本性的不同。有很多很棒的焦点解决方法工具和技巧，其中一些也被广泛运用到其他常用的方法中。下面列出的是焦点解决方法中的一些重要工具：

○ 分辨（哪些问题是可以解决的，哪些是无法解决的，以及在达成目标过程中的改善之处）。
○ 鼓励和邀请（去谈论解决方案）。
○ 资源（利用已有的技能、经验和个人特长）。
○ 想要的结果（理想的未来愿景是透过讨论和协商一起创建出来的）。
○ 解决方案并不一定总是与问题直接对应。
○ 使用焦点解决的语言。
○ 询问（而不是告诉个案他应该做什么）。例如：
  · 询问"治疗前的改变"，也就是在第一次约谈前已经发生的正向、积极的进展。
  · 邀请个案讲述更多内容。
  · 请个案评估自己的进步（使用量表问题）。
  · 询问更多关于目标的信息（包括"奇迹问句"："想象有一个奇迹发生……"）。
  · 询问例外情况和替代方案。
  · 帮助个案发现自身拥有但尚未意识到的技能和各种资源。
○ 赞美。
○ 支持个案继续做更多看起来已经有效的事情。
○ 协商达成共识（关于计划和下一个行动步骤）。
○ 简洁的语言和清晰的行动方案。

与其他治疗方法一样，焦点解决的方法也有自己的一套工具，你既可以把它们作为干预手段，也可以看作一种特定的沟通方式。在以焦点解决模式进行的约谈中，何时使用以及如何使用这些工具需根据具体情形而定。对于个案的不同情况，教练的回应也应该有明显的不同，在使用这些工具的时机上也应有不同，比如什么时候需要说话，什么时候最好保持沉默，这些细微的差别都需要在实践中慢慢地体会。

解决方案和问题并不一定总是相对应的

焦点解决的方法认为，解决方案并不总是与问题直接相关。这跟人们的直觉相反。在面对问题时，人们往往会遵循传统的信念和方法，去查找问题产生的原因。人们通常有一种误区，认为只有消除了产生问题的根源才能使问题得到解决，因为"问题和它们的解决方案之间必然存在着逻辑上不可分割的关联"。然而，无数的实际案例表明这种方法并不适用，因而有必要采用一种完全不同的解决方式。爱因斯坦指出："用昨天产生问题的思维方式，很少能解决今天的问题！"

> 世上本无事，庸人自扰之。
> 《新唐书·陆象先传》（北宋）

使用焦点解决方法的语言

在聚焦问题的治疗中主要关注的是消极方面，纠结于过去所发生的一切；试图对问题进行解释和理解，并认定："如果不消除问题产生的根源，问题就会永远存在。"它所使用的语言与焦点解决方法使用的语言截然不同。

焦点解决方法的语言通常更加积极乐观。它以未来为导向，暗示现在发生的一切都是暂时的，都会过去的。这是一种开放的"成长型思维"。如果你认为改变是生活中唯一不变的，那么问题也就很有可能发生改变。由于语言是在治疗和互动中使用的主要工具，咨询师提出的所有问题都可以被视为可能的干预。

这就是为什么我们需要谨慎而有觉知地使用语言。咨询师和教练不仅要留意所使用的词语，还要注意句式、语调以及表达时的重音，甚至包括非语言的因素，比如面部表情、身体语言以及所传递的"能量"。沟通的重要性是不言而喻的，然而就像沟通中的"能量"很难被客观地定义一样，人们对沟通的理解其实是非常有限的，更不用说有关沟通的科学阐述了。语言中包含了许多复杂的层次，既有意识层面还有潜意识层面。每个人都会在浅表的意识层面去倾听、感知话语并做出回应，也会从深层的潜意识里个人化地去倾听、感知和回应。

量尺问题

邀请个案用1到10分来评估某个情况，可以简单快捷地了解他对目前所处状况的感知。这类提问被称为"量尺问题"，是所有人都可以轻松回答的问题。使用视觉辅助，比如在纸上或地板上把数字1到10排成一行，用这种方式甚至可以帮助非常小的孩子回答各种各样的问题，因为他们不需要用复杂的语言来描述所发生的事情，他们可以更准确地表达感受。这也许就是为什么"量尺问题"是焦点解决治疗中相当重要和相当典型的工具之一。除了帮助获取有用的信息外，使用量尺问题还能帮助个案对相关情况得出清晰的看法，进而展开讨论。量尺问题简化和明确了当前的要务，有助于展开具体地讨论，从而使个案向前迈进。

奇迹问句

这是另一种神奇而高效的工具，尤其是对那些不知道如何描述成功标准的个案（无论是个人还是组织）来说，能够提供巨大的帮助。这种提问形式让个案充分发挥想象力去描述他所期待的未来某个时刻的状况。例如："让我们想象你可以让奇迹发生，就像有魔法助力一样，你实现了想要的目标，它是什么样子的？你有什么感觉？"

这样的句型可以帮助个案确定自己的解决方案，并趁机让他为自己想要的结果作出承诺。奇迹问句可以帮助个案暂时忘记问题的潜在严重性，放下由此带来的负面情绪，打开通往成功之路的通道，按照具体而现实的每个步骤，逐渐接近所期待的未来。这个问句可以帮助个案对想要的结果——即所期待的未来——形成生动的视觉化的图像。

沃尔特·迪斯尼曾经说过："如果你有梦想，就能实现它。"

一旦个案对他想要的未来有了清晰的画面，教练就可以在奇迹问句的基础上提出更多的支持性问句，跟他一起把这幅画面转化为一系列具体的、可操作的、循序渐进的行动步骤。

例外问题和替代方案

"所有的问题都有例外。"这究竟意味着什么呢？比如说，快乐不会永远持续……嗯，不快乐的状态也不会永远持续！只是人们往往会忘记后面的半句，陷在问题和与其相关的负面情绪里。用这样的思维方式看待问题往往会在当下失去客观的视角。

在以焦点解决模式进行教练的过程中，找到例外情况是将注意力引导到那些问题不占主导或暂时没发生的时刻，无论这些时刻有多么短暂。这些时刻可以为我们提供一些非常重要的信息，从中发现可以有效解决问题的一些做法。此外，仅仅是意识到这些例外时刻的存在，就给个案带来了改善的希望，也证明了仔细研究这些"例外"的价值。通常，这些例外情形下的表现暗含着解决问题的关键要素。

赞美

用赞美给予肯定是以成长为导向的基本态度的重要特征。使用"基于过程的赞美"，也就是称赞对方具体做了什么取得了某种成就，是非常重要的。承认和理解个案面临的困扰，肯定他已经做出的努力和取得的进步，能够激励他做出更多的改变。同时，个案可以感受到教练或治疗师的理解。赞美往往能确认并放大已经令人满意的进展。透过请个案去思考生活中重要的人可能会如何赞美他，不仅能够帮助他与这些人建立积极的连接，即将这些人带入教练进程中，还可以给他带来视角上的改变，发现一些新鲜有趣的观点。在描述"梦想成真"项目教练流程第5步的章节里会对这个主题做进一步的探讨。

通过协商设定想要的目标

在以焦点解决模式进行教练的过程中，所做的每一件事都直接关乎个案想要的最终结果。这意味着其中的每一步骤都必须与目标相关，是教练和个案一起协商讨论的结果。这就是为什么所设定的目标一定要清晰、具体、详细和可衡量。所确定的解决方案必须是可执行的，可以确认工作是否已经完成。问题得到充分解决的那一刻也是由个案跟教练共同确认的。同时，个案需要在教练过程中获得足够的自信，确信自己在约谈结束后仍能独自保持这一成果。如果没有这些具体的准则，即使已经达成了个案期待的目标，成功的信号已经频频出现，教练或者个案本人都可能无法察觉，教练过程也将持续更长时间。

"梦想成真"

/ "梦想成真"教练项目简介 /

"梦想成真"教练项目源自"儿童技能教养法"。也可以说，"儿童技能教养法"是"梦想成真"教练项目的前身。了解"儿童技能教养法"的人应该很容易理解"梦想成真"教练项目的模式。

"儿童技能教养法"是本·富尔曼医生（Dr.Ben Furman）和他的团队在芬兰的一个幼儿园特教班里开发出来的。开发团队的成员包括他的事业合作伙伴塔帕尼·阿赫拉（Tapani Ahola）和两位特教老师。该方法由15个简单步骤组成，旨在帮助儿童克服情绪和行为问题。它的基本理念就是通过激发孩子的内在动机，帮助他们学习所缺乏的技能或提高已有技能来解决当前的问题。

"梦想成真"教练项目模式跟"儿童技能教养法"很相似，只是它的目标对象是 11~22 岁的青少年。其教练流程由 11 个步骤构成，旨在帮助年轻人设定自己想要的目标，并经过一段时间的教练之后实现它，从而解决当下的心理问题或者困扰。

跟"儿童技能教养法"一样，"梦想成真"教练流程也是基于焦点解决心理学原理。这套分步流程为如何解决问题提供了一个框架结构，帮助青少年确定目标，激发动机，并有效保持其动机水平。这套流程不仅可以帮助青少年面对生活中的各种问题和困扰，同时，也能支持他们更好地自我发展，教会他们为自己设定目标，并一步步地使其"梦想成真"。

"儿童技能教养法"自二十世纪九十年代被开发出来，在全世界很多国家越来越受到欢迎，被治疗师、咨询师、教练、教师以及其他从事儿童教育工作的专业人士所广泛使用。"儿童技能教养法"于 2013 年被正式引入中国，目前（2021 年）在中国已经有了很多的儿童技能教养法认证使者或教练。他们运用这一方法，跟家长和老师一起帮助孩子克服各种问题，改善亲子关系，增强孩子的幸福感，提升家校合作。中国的学校和家庭教育工作者、心理咨询领域的从业者以及关注教育的家长们对它的兴趣正在不断上升。

> 有效的方法就多用一点。
> **史蒂夫·得·沙泽尔**（1940—2005）

多年来，西方国家的人们普遍认为，只有儿童心理学家或儿童治疗师这类的专业人士才能帮助那些有情绪问题或行为问题的儿童，实际上这种认知已经过时了。一方面是因为受现实条件所限，即没有足够的专业人士来关注大量有问题的需要帮助的儿童和青少年；另一方面则是因为融合教育的大趋势——把所谓的

"问题儿童"与"正常儿童"放到一起接受教育——带来的新挑战，令许多教师和教育工作者担负起教育越来越多的有行为问题的孩子的责任。

融合教育要求教师具备特殊教育的资质，尤其是对班级规模较大、教学任务不断增加的教师来说，他们的责任和义务愈加繁重。许多教师感到非常吃力，甚至不知所措。他们抱怨说，自己并没有受过相应的培训，并不具备承担这样的责任的能力。"儿童技能教养法"和"梦想成真"教练流程恰好可以为他们提供这类支持，帮助他们在解决问题的过程中找回乐趣和活力。我们经常收到老师们的信件，谈到他们的担忧和焦虑，但也收到越来越多的积极反馈。老师们说，自从在工作中使用了焦点解决的方法后，又开始享受自己的工作了。

许多有经验的"儿童技能教养法"使用者可以做到无缝切换，自然地运用"梦想成真"教练流程为青少年提供帮助。这两种方法尽管不完全相同，但其相似之处也是显而易见的。它们基于同样的原理，需要同样的思维方式。如同"儿童技能教养法"，"梦想成真"教练流程同样可以给你带来很多的乐趣和活力，而且并不要求一定要按照步骤顺序来进行。

然而，由于所面向的目标群体不同，两者之间也有一个重要的区别。小年龄段的孩子通常具有天然的合作性，而大一些的孩子或青少年则未必如此，尤其是当他们被成年人要求前来约谈的时候。在这种情况下，重要的是从建立亲和感开始。这就是为什么教练需要首先设法进入青少年的世界，从他们关心的话题开始展开对话。也就是说，在正式进入教练流程之前，尝试站在他们的立场上，了解他们的需要，努力跟他们建立信任的关系。对于很多青少年来说，也许是因为经历了太多的失望，他们对"试图帮助他们的人"在内心里几乎是不信任的，需要很长的时间才能建立起对教练的基本信任。此外，青少年正在经历人生的一段特殊时期，他们很自然地渴望用自己的眼睛看世界，强烈希望能够在没有成年人帮助的情况下处理事情，"梦想成真"教练流程完全尊重青少年对于自主权的需求。

使用随附的《"梦想成真"自我教练手册》，来满足青少年的这种自我引导的需要。

/ "梦想成真"教练流程 11 步概要 /

1. 目标

"你想学习什么技能，或者想在哪个方面变得更好一些？你想实现什么目标？"

"梦想成真"教练流程从"看不见的未来"开始。教练请个案为自己想象一个他想要的未来，一个令他对方方面面都感到舒适和满意的未来，包括个人生活、工作或学习等诸多方面。梦想中的这样一个没有问题的完美未来是开启这次教练对谈的基础。接下来的步骤包括好好看看做到哪些才算实现了这个梦想，哪些阶段性目标能够帮助这个"梦想成真"。这里所说的"目标"是指一些必须改变的具体事项、需要掌握或改进的具体技能，或者必须采取的具体行动。一旦教练帮助个案明确了所有的这些小目标和行动方案，个案就要从中选择一个最有吸引力和最有效的目标作为初始目标。为了能够简单明了地确定初始目标，我们还制订了一套规程，在后续的章节中进行详细地解释。

2. 好处

"实现这个目标对你有什么好处？对别人有什么好处？"

当个案清楚地理解了实现目标的诸多好处后，他自己的内在动机就更容易被激发。好处的清单越长，目标就越令人向往。通过鼓励个案去想象实现目标对自己和身边重要他人可能产生的积极影响，个案会更加坚定自己为实现这个目标而努力的决心。

3. 支持者

"哪些朋友和/或家庭成员可以帮助你实现你的目标？"

为了实现目标，我们都需要来自他人的帮助、支持和鼓励。通过请求支持者（例如朋友和家人）的帮助，可以为成功实现目标创造良好的氛围。个案需要将自己的目标告诉他的支持者们，并请他们以他们特有的方式来支持或鼓励他，以此提升实现目标的可能性，同时也改善了他与这些重要他人的关系。

4. 象征符号

"可以用什么物品、偶像、照片、文字、表情或一段音乐来代表你的目标，帮助你保持对目标的专注？"

我们常常看到人们藏有或戴着具有特殊价值或意义的各种物品。对一些事物赋予标志性的意义，作为其情感、内心情绪或精神价值的视觉表达。当个案为自己选择了一个象征符号或标志来代表他所确定的目标时，就会使得这个目标更加具体化或视觉化。那个看似抽象或很遥远的目标就会被拉近和变得更为具体，成为此时此地的支持力量和动机的来源。当代的青少年越来越熟悉视觉化表达，这已融入他们的现实生活中，因此这种做法对青少年很有帮助。

5. 相信和自信

"你的支持者（朋友和/或家人）会怎么说？是什么让他们相信你能实现这个目标？"

即使设定的目标看起来不那么容易达到，也并不意味着不可能实现。设置这一步骤的目的是找到信心的来源：是什么让个案相信他可以实现设定的目标？是什么让支持者和其他相关人等相信他可以成功？对这些问题的回答，可以大大提升个案的自信心。

6. 资源：乐观的理由

"你（已经）拥有的哪些技能或能力可以帮助你实现目标？"

无论你的目标是什么，都不太可能是你从没想过的。通常，个案自己选择的目标都跟他以前做过或想过的事情有关，只不过时过境迁尚未察觉而已。重要的是，要意识到或者看到自己曾经的成功，哪怕只是部分的成功，知道是自己拥有的哪些技能或者品质对那时的成功带来了帮助，才有可能把同样的资源有意识地施用到对当前目标的实现中。帮助个案意识到自己已经拥有的资源还能带来一个额外的好处，就是可以培养个案的自信心，让他相信自己肯定能实现这个目标。与此同时，这种很笃定的乐观心态有助于消除对目标成功实现的质疑，或者至少将质疑程度降至最低。

7. 测评

"如果用从1到10分的量表来打分，你会给自己打几分？1分表示你刚刚想到目标，但是还没有采取任何行动；10分表示你已经完全地实现了这个目标。"

这一步能够有效地将前面几乎所有的步骤整合到一个练习中。回答这个问题可以帮助个案看清通往目标的路途中的每一个台阶，并能进一步内化个案的动机。通过测评，还能够帮助个案厘清他的分段行动方案，将抵达目标的分步过程视觉化，从而为个案注入新的能量。

8. 行动

"为了达成这个目标，接下来的一周你打算做什么？"

在测评过程中，教练要帮助个案仔细审视可能采取的有效方法。测评之后的这一步为的是让行动方案尽可能的具体和明确。在这一步里，个案需要在教练的支持下做出决定，并达成约定，承诺在接下来的一段时间里采取实际行动。

9. 日志

"你打算如何跟踪你的进展，让这个跟踪过程视觉化？你想跟谁分享你的日志或博客？"

密切跟踪项目的进展情况是执行"梦想成真"教练流程的重要环节。要求个案持续并详细地记录为实现目标所取得的点滴进展，以文字或图画这些传统方式记录，或以电子文件记录（隐私问题另当别论），可以帮助个案在整个过程中保持动机。这也意味着，他必须时刻留意自己的点滴进步和所有呈现成功的迹象，无论这些迹象多么细微。教练要鼓励个案以焦点解决的方式进行思考，关注积极方面的进展。

10. 应对挫败

"挫败是学习过程中很自然就会出现的。如果遇到挫败，你要怎么应对它？"

尽管关注积极方面的进展是执行这一流程中的"主旋律"，但可以肯定的是，在流程进行的过程中，所有人都会经历或多或少的挫败。事情的发展常常会出乎意料，与我们的预期不符。正因为如此，为可能发生的意外做好预案是很重要的。预先设想一下可能出现的挫败，想好应对的方案，做好心理建设，是避免失望、失去动力的最佳方式。

11. 庆祝成功！

"当你实现了目标的时候，准备如何庆祝？你要怎么告诉你的支持者，你很开心有他们的支持？你要如何表达你的感激之情？"

有一天当目标实现，或者已经有了足够的进展时，就应该让个案为自己取得的成就庆祝了。此时，也应该回顾一下走过的历程，帮助个案看看自己是如何一步步取得成功的。这是他生命旅程中的一个重要里程碑，他在自己的努力下掌握了新的技能，学会了为自己的成长承担责任。个案意识到支持者以及身边的人为自己的成功提供了怎样的帮助，可以为自己带来非同寻常的启迪。此时此刻，正好可以邀请那些帮助过自己的人一起享受成功的喜悦，借此感谢他们提供的各种帮助。体会到感恩的重要性，可能是这个流程带给个案的一个额外收获。

好了，你已经对"梦想成真"教练流程有了大致的了解，后面我们还会对每一步进行更加详尽地阐述。在此之前，让我们先来探讨一下动机这个概念，因为它是整个流程的核心，在促进目标的成功实现中发挥着至关重要的作用。

/ 自主动机 /

直觉上，我们都知道"动机"是什么意思，知道它对于推动人类的发展和进步有多么重要，但是要给它下个简单易懂的定义并不是一件容易的事。虽然有很多关于动机的科学文献，但读起来往往令人困惑。我们参考了一些相关文献，在这里尝试着用一种更容易理解的方式去解释有关动机的一些基本原则。

研究者们习惯把动机分为两种类型：

○ 内在动机
○ 外在动机

为了理解这两种类型的动机，让我们首先了解一下由两位心理学教授杰夫·德西和理查德·瑞安所提出的"自我决定理论"（Self-Determination Theory，SDT，1985）。"自我决定理论"的出发点是我们每个人都是天然地要成长和自我发展的。为了实现这样的成长和自我发展，人类需要满足如下三个基本需求。

○ 自主权
○ 人际关系
○ 胜任感

根据德西和瑞安的说法，人类终其一生每一天都在不断地学习，而这种学习动机是与生俱来的，属于我们内在系统的一部分。即使没有明确的目标，即使不需要完成任何事情，人们仍然愿意去学习，仅仅是因为学习本身能够带来愉悦感受。这就是所谓的"内在动机"——愿意去做一些事，仅仅是因为做事情本身能够带来满足感。

出于"内在动机",人们会去做很多的事情,例如:玩耍,做音乐,打游戏,提升某个技能或培养爱好,或者参加某项体育活动等,纯粹就是因为好玩,出于兴趣。这种做事情的自发性,源自好奇心和浓厚的兴趣,人在做事情时会感受到愉悦和活力。我们通常可以在婴儿和儿童身上观察到最原始和最纯粹的动机,孩子们总是带着好奇心探索着周围的环境。探索和玩耍,是人类学习和了解世界的一种自然方式。

按照"自我决定理论",内在动机与前面提到的人类的三个内在心理需求紧密相关:我需要自己决定,我需要积极的人际关系,我需要感觉自己是有能力的。

"外在动机"指来自外部的对人的影响,通常是一些无法从内在动机中得到的东西,与物质或一些外部的收获有关(Sheldon & Krieger, 2014),如名声、财富和权力。常见的外在动机是对期待行为的奖励(例如金钱或成绩),或者是对错误行为的惩戒和处罚。另外,竞争也是一种外在的激励因素,因为它会推动人去赢得比赛和击败他人。欢呼的人群和赢得奖杯的愿望也属于外在的激励因素。

过多的外在奖励有时会削弱内在动机

来自内在的好奇心、兴趣、快乐和来自外在的激励均可激发人们做事的动机。然而,社会心理学研究者同时也发现,过度的外在激励可能会导致内在动机的减少。也就是说,当一个人本来很享受一件事的时候,你的外部奖励有时会让他困惑,感觉自己去做这件事是因为要满足你的期望,或者是为了获得回报,这时候他的享受感就有可能被破坏，内在动机可能反而会被削弱。此外，家长们应该认识到，奖励有时候可能会产生反作用。比如：家长对自己处于青春期的孩子承诺，如果他能够远离酒精和滥交，就可以为他支付学车的费用，或者给他金钱的奖励……这样的承诺有时候会令孩子感到自己的自主权被侵犯，反而会更加渴望去做与家长的期望相反的事情来满足自己对自主权的需求。

"外在动机"可以被"内化"

不过，有趣的是，即使动机一开始是来自外在的激励，在有些情况下也可以转化为"内在动机"。例如：你因为考试或升学之类的外部原因而必须去读一本书，但是在读书的过程中被书中的内容所吸引而变得兴趣大增，那么读书这件事就变成了内在驱动。所以，"内在动机"和"外在动机"在理论上虽然不同，但在现实中它们是交叠在一起、相互影响的。

德西和瑞安在他们的"自我决定理论"中指出，人们需要他人的帮助，需要跟生长环境中的重要他人保持联结，所以很容易受到这些人的影响。为了保持与这些重要他人的积极联结，人们会主动尝试接受这些人的价值观。一旦从心里接受了这些重要他人的价值观，他们就不再只是为了取悦别人、为了保持积极联结而做事情，因为他们也认同了这些价值的重要性。这种"内化了的外在动机"十分强大，可以带来高水平的工作成果和事业成就。

自主动机：内在动机 + 内化了的外在动机

内在动机与内化了的外在动机相结合被认为是最理想的动机形式，形成一种自主动机。在这种动机的驱使下所确定的目标，是人们自己想要的目标，是可以给他们带来好处的目标，是重要的也是有趣的目标，因此人们会朝着这个目标自觉地努力。自主动机能够强化人们的学习愿望，提升学习效率，促进身心健康。

"梦想成真"教练流程的每个步骤都在设法提升个案的自主动机，即内在动机加上内化了的外在动机。首先，个案和教练之间的平等关系时时促进个案自主性的提升。当教练允许个案自我决定其目标的时候，能让他体会到自主性以及对目标的自主权。而教练和个案之间的合作关系以及支持者团队的介入则有助于强化个案与他人之间的积极联结。此外，还有很重要的一点是，这个流程的所有步骤都在帮助个案提高他的胜任感，让他感到"我能行"！

一个人在自主动机的驱动下去实现自己的目标，通常能够满足他的三个基本需求，即自主性、积极的人际关系和胜任感。所以，如果我们能够让青少年找到自主动机，自主设定目标，并在努力实现这一目标的过程中享受乐趣，将有助于他们摆脱一些学习和工作方面的挫败感，而目标的达成又会反过来增强他们的胜任感，强化他们与重要他人的积极关系，帮助他们对自己学习的进展更加乐观，使他们获得成长。

/ 提升动机的五大要素 /

无论是以"儿童技能教养法"进行教学还是实施"梦想成真"教练项目，我们都喜欢谈论激发动机的重要性。我们经常使用自我决定理论的"简化版"或者"通俗版"来解释动机。在这个简化的动机理论中，我们假定动机是由五大要素组成的。记住这五大要素，你就可以以任何顺序方便有效地灵活运用"儿童技能教养法"或"梦想成真"教练流程。在某些情况下，你可能会重复使用某些步骤，而在另外的情况下会省略某些步骤，这些都没有问题。使用这个教练流程跟个案工作的时候，永远都应该以个案为中心，每一次约谈都是一个为满足个案的个性需求而量身定制的教练过程。

提升动机的五大要素包括：

1. 所有权：个案认为目标是他自己确定的，不是别人要求他的。
2. 好处：个案觉得目标很有趣，能够给他的生活带来积极的影响。
3. 信心：个案相信自己是可以实现目标的。
4. 成功的体验：个案觉得自己正在取得进步。
5. 为挫败做好应对准备：准备好应对可能出现的挫败。

1. 所有权

"所有权"，或"自主权"，是提升动机的第一大要素，"梦想成真"教练流程的第0步（起步）、第1步和第7步都是为了让个案获得这种所有权。通过这些步骤，教练让个案关注到所面对的问题，检视过去的哪些经验可以借鉴；帮助个案发现自己真正想要的是什么，或者说什么是重要的，从而令他确认本次教练流程的目标。这个目标应该是具体的和可以达成的，而不是模糊的或不可达成的，个案会强烈地感觉到目标是他自己确定的。这种对目标的所有权意识会在个案理解了实现目标的好处后进一步得到强化。

2. 好处

"看到目标的好处"是提升动机的第二大要素。"梦想成真"教练流程的第2步、第7步和第11步都是为了帮助个案看到实现目标所能带来的好处。这些好处包括对自己的好处、对其他人如家人和朋友的好处。看到的好处越多，实现目标的动机就越强。青少年经常会问这样的问题："我能从中得到什么？"或者"这对我有什么好处？"这些都是很真实的问题。你所设定的目标应该能够为你带来真正的好处，比如提高你在别人心里的位置，增加成功的机会，或者能带来更加愉快的体验等。如果没有好处，为什么要去做呢？

一个来自诊所的案例研究：乔希和玛莎

一天，16岁的乔希和15岁的玛莎（我们将在这本书里不止一次地提到他们的故事）在他们的妈妈伊内兹的陪伴下来到诊所。伊内兹一直在向我咨询，因为乔希和玛莎在家里的表现一团糟。据她的说法，缺乏安全感的玛莎经常被专横的哥哥欺负。兄妹俩之间经常出现混战，给家里人带来了很多麻烦。

那天一进到诊所，他们俩就有礼貌地跟我握手，并看向对方咯咯地笑。这一对在妈妈的描述中"冲突不断"的兄妹，看上去既幸福又彼此默契。不过，可以明显看出两个人在个性上的差异。妹妹玛莎看起来有点害羞，握手时她略带微笑地低头看着地板，用几乎听不见的音量轻声嘟囔出自己的名字。哥哥乔希戴着一顶棒球帽，帽子底下眨着一双快乐中又透着顽皮的眼睛。他对我笑了笑，迅速扫了一眼房间，立刻找到看起来最舒服的那把椅子并坐了上去，他的妈妈和妹妹只好走向剩下的座位。乔希伸开双腿，一副很放松的样子，靠着椅背坐在那里，望向自己的妈妈和妹妹，她俩有点拘谨，但也都坐了下来。

　　妈妈说，他们俩在家的时候老是吵闹不休。现在，这些吵闹似乎愈演愈烈，已经变成了彼此间的拳打脚踢。乔希和玛莎已经是大孩子了，她担心自己接下来再也无法控制局面了。在跟这两个孩子的交谈中，乔希说，他特别容易生妹妹的气，就是因为她太没有安全感了。无论她做什么他都觉得很恼火。他坦率地承认，他自己实际上特别容易生气，不管她做了什么，都会让他心烦。他一心烦，就拿她寻开心。乔希做出很多令人无法容忍的行为，比如：一起上楼时，他会在玛莎面前放屁；故意推搡她，给她使绊；拿走玛莎的东西，藏起来或毁掉它们；有时甚至还会用手抓她。最近这段时间，两个人开始动手扭打，玛莎经常尖叫着哭着跑开。玛莎对此并不反驳，她咻咻地笑着，一言不发。妈妈点了点头，有些不好意思，红着脸说，这确实是常有的事。乔希似乎并不在乎自己做出那些不好的行为，在他眼里，别人令人讨厌的行为比他自己的行为更糟糕。

　　了解了这些情况之后，我们四个人一起进行了讨论，并没有更多地针对此前的状况，而是一起谈论了他们未来想要的样子——"如果你们不喜欢现在这样，那你们希望以后家里是什么样？"妈妈和玛莎的意见大体一致，描述出她们想要的样子。很显然，她们都希望乔希不要总盯着家里其他人，尤其不要总盯着玛莎，最好离她远点儿。她们还希望乔希不要到处管闲事，这样就不会那么心烦，也就不会没事找事。乔希觉得她们在瞎扯。他就是希望别人不要做让他讨厌的事。但是妈妈和玛莎说，乔希几乎对任何事、任何人，哪怕看上去非常正常，都会瞧不上。大家的讨论至此变得难以继续。

  乔希一直是敌对的态度，直到问他："如果你以后变得像你妈妈和玛莎所期望的那样，和现在不同，你觉得会有什么好处？"乔希的强硬态度才开始有点儿松动，从最开始的烦躁，变得愿意去思考了。他很快就说出了一些好处。他先提到能够少受一些惩罚应该算是一个很大的好处。然后他说，不被抓伤和咬伤也是一个好处。他还说，如果不再去管别人的闲事，自己就不会那么容易生气，家里的气氛也不会那么紧张，就会更平和一些。他就可能有更多的时间用在好玩的地方，比如玩电脑游戏、在社交平台上与同龄人聊天等。之前他的妈妈经常以限制他做这些事来惩罚他。另外，他还想到，如果家里平安无事的话，他的妈妈也会更快乐，到头来家里的每个人都会受益。

  慢慢地，乔希真的发现"不在意别人"可以给他带来很多好处，他开始意识到自己以前的行为确实不太好，他过去从未真正反思自己的过错。就在那一刻，当他被问到是否愿意参加这个教练项目，跟他的妹妹和妈妈一起找到大家都能接受的共同目标时，他说"愿意"。于是，我们约定了下次见面的时间，到时候再一起商定一个积极的目标。

3. 信心

动机的第三大要素是信心，"梦想成真"教练流程的第 3 步、第 7 步和第 11 步都在致力于提升个案的信心。对于青少年来说，信心就是强烈的胜任感，是那种"我能行！"的感觉。而这种乐观的感觉是不会自动出现的，尤其是对那些之前有过很多令人沮丧体验的青少年，更是如此。因此，教练或治疗师可能需要帮助他们看到自己已经具备的那些资源，以及已经取得的任何进步，让他们从心里相信，在家人和朋友的支持与帮助下，一定能够实现自己所设定的目标。

4. 成功的体验

第四大要素是成功的体验，教练流程的第 7 步、第 8 步、第 9 步和第 11 步就是为了帮助个案找到这样的体验。为了在执行过程中让个案持续保持动机，让他感受到自己正在朝着所制订的目标稳步前进是非常重要的。这意味着个案需要看到自己所取得的进步，留意、关注并欣赏哪怕是一丁点的进步。挫败感很容易扼杀个案继续前进的动机。对青少年来说，要让他们在教练流程的进展中常常能够感到"我做到了"，"我看到了我的进步，我认为自己很成功"，"我为自己感到骄傲"，"我觉得其他人都为我感到骄傲，我也很感激他们对我的帮助"，这些都有助于他们保持动机。

5. 为挫败做好应对准备

第五大要素是准备好应对可能出现的挫败，教练流程的第 10 步就是帮助个案做好这样的心理建设。挫败是学习过程中不可避免会遇到的，也是可以预先评估的。如果个案没有做好应对挫败的准备，当一些意想不到的事情发生时，就可能会失去所有的动机。而突如其来的受挫也会变得特别难以处理，会导致个案灰心丧气、失去信心。如果个案能够明白挫败和试错是人在一生成长中都会经历的，他们就会更容易摆脱挫败感，而将暂时的失利视为成功的跳板。

一个高中生的案例研究：

设想：一个正在选修"社会与文化"课程的高中生需要完成一篇自拟题目的短文。也就是说，他先要确定一个自己愿意去探讨的主题，按照自己的自由意志写出一篇短文，而不是为了应付老师而写。如何才能做到这一点呢？这个学生的写作动机从哪里来呢？

对这个学生来说，此刻很重要的一步就是要好好地思考一下：在"社会与文化"这门课程的大框架下，哪些议题很重要，与自己的生活息息相关？这里有很多相关的问题可以帮助他去思考，例如：

▶ 他目前关注哪些问题？
▶ 在相关的主题下，他对未来有什么看法？
▶ 在当下所处的社会中，他自己的立场是什么？
▶ 进一步深究这个特定的主题，看看得出的结论对他个人有没有什么好处？

一旦意识到自己的兴趣所在，找到了自认为重要的事，就会很容易确定一个相关的主题。如此一来，写作这篇短文就不再是一个单纯的家庭作业了，它开始跟这个学生的兴趣以及内在价值产生了深刻的联结。

下一步，他需要仔细思考自己拥有哪些资源（比如工具、技能、见解和信息）可以帮助他完成一篇高水平的短文。

他立刻发现自己有一项最基本的技能——写作能力！他还会使用电脑，可以上网查找关于这个主题的相关资料。另外，他还想起自己曾经写过一些很不错的文章，得到过很好的分数，这唤起了他满满的成就感。

另外，他的老师基于同学们在课堂上的热烈讨论，对他们写出高水平的文章也很有信心。是的，老师对这些学生们有很高的期望，因为他看到了他们的学习兴趣和高涨的学习热情。

全班同学都认为这是一项很有挑战性的任务，他们讨论的时候，主动分享各自的想法。大家互通有无，给出反馈和建议。他们很快发现，每个人都能从中受益，自己有所进展，并获得有价值的反馈。

学生们互相帮助，如此一来，即使某个学生因为什么原因进度有点儿延后或遇到困难，其他人会予以支持。写作能力较差的学生也会得到帮助，完成任务。他们发现，使用电子邮件是保持联系的最好方式，他们分享各自的作文草稿，继续给出反馈和建议。一些精通电脑的学生还能为其他需要帮助的同学提供技术支持。

用这种合作的方式，学生们按时完成了短文写作，满意地提交上去。

第二章

以内在动机奠定牢固的基础

第 0 步："愿意改变"

在正式启动"梦想成真"教练流程之前，通常需要一个重要的起步准备，我们称其为"第 0 步"。这一步将为提升动机、建立教练与个案之间的信任及其有效合作奠定坚实的基础。

"愿意改变"是"梦想成真"教练流程的起点，也是最为关键的一步。拥有强烈的动机能够为流程的顺利展开打下稳固的基础。一个没有打好地基的建筑注定不会牢固，更有可能永远无法完工；而没有建立自主动机就开始展开教练流程可能事倍功半，甚至无法顺利进行。只有让个案从一开始就对问题和解决方案负起全责，即拥有所有权，才有可能带来成功的改变。良好的合作始于个案愿意对问题和解决方案承担起全部责任的那一刻。

/ 建立自主动机 /

对于"梦想成真"项目的教练来说，一个关键的问题是："如何确保我的个案——他们大多都是转介来的——真正愿意跟我合作，一起朝着所期待的目标努力？"

当然还有其他的一些相关问题，包括："如何让个案对他们自己的问题和解决方案负责？""如何让他们最终'愿意改变'？"

用"儿童技能教养法"引导小孩子摆脱困扰的时候，以上这些都不是问题。小年龄段的孩子天生就会配合，一般来说，他们都很积极乐观，对来自成年人的赞美和关注有良好的回应。然而，那些青少年个案由于在成长过程中常常感到失望，有的甚至已经习惯了被忽视对待，内心中对未来的改观越来越不抱有积极的期待。

用焦点解决的方法可以迅速打破这种消极反应模式，你只要不去回应那些负面的行为就可以了。甚至，你可以做得更简单些：根本就不去关注它。事实上，作为教练，你应该做的是反其道而行之：把注意力放到你的个案取得成功或进步的地方，并不断地鼓励他采取积极的行动。小孩子通常会很快地接受你的引导，并且乐享这种做法带来的好处。但对于青少年，教练则需要投注更多的精力、时间和注意力。

"梦想成真"教练流程的所有步骤是为了帮助个案建立自主动机，更加坚定地迈向自己所期待的目标。

当个案愿意为达成自己的目标承担全部责任的时候，他就会打心眼里"愿意改变"。"梦想成真"教练流程中的所有步骤都是为了激发个案的自主动机，帮助他在自我引导下，调动支持者的力量，凭借自己的能力和努力，不断突破，走向通往自我成长之路。因此，个案在整个过程中实际上是处于一种自我决定的独立状态。如果你在流程开始之初能够帮助个案找到这样的定位，他就能够连结到自己的资源并找到最佳的干预措施，帮助自己提升自主动机水平，使得目标得以顺利实现。

工具箱里的工具

七个重要的焦点解决问题：
1. 询问在这第一次会面之前都发生了哪些改变。
2. 询问个案的目标（奇迹问句）。
3. 询问更多或更深入的问题（"还有什么？"）。
4. 挖掘"例外"（询问在问题没有发生或很少发生时，当时的情境是怎样的）。

> 5. 使用"量尺问题"（针对进步、动力和信心方面）。
> 6. 询问个案都有哪些资源（个案自身的能力、经验、才能、特质等）。
> 7. 询问是如何应对问题（比如出现危机时）的。

/ 青少年何时自己"愿意改变"？/

也许自己"愿意改变"这样的描述听起来有点奇怪。这是什么意思呢？你如何知道这位来访的青少年是不是自己"愿意改变"？为了找到这个问题的答案，你必须在第一次谈话的初始阶段做一个小小的评估。下面是针对评估的五个问题：

1. 他有合作的动机吗？
2. 他感受到出问题了吗？
3. 他在请求帮助吗？
4. 他愿意承担起解决问题的责任吗？
5. 他是"向内归因"类型的吗？或者说他愿意反省自己吗？

你可以通过对上述五个问题的回答来评估确认个案当下的状态，看看是否可以立刻开始跟他一起工作，还是需要先进行一些其他的干预。对于这五个问题的回答可以反映出个案不同的动机水平，据此可以将他们分成三种类别："访客""抱怨者"和"愿意改变的人"。也许，给个案做出这样的分类让你的感觉不是太好，但是请记住，这样做只是想让你在心里对个案当下的状况有个大致的了解，而不是跟他分享这些信息。这些回答像一个"快照"，可以对眼前这位青少年的动机水平做一个简单的评估，帮助你以最有效的方式与其联结，从而确保后续对话能够有效展开，而不致引发其不必要的抵触情绪。总之，我们只做有效的事！

以下是对三种类别个案的动机的评估及其典型特征概述。

工具箱里的工具

动机水平："愿意改变"的先决条件			
	访客	抱怨者	愿意改变的人
合作动机	无合作动机	有一些合作动机	有合作动机
感受到问题	没有感受到问题	感受到了问题	感受到了问题
请求帮助	没有请求帮助	请求帮助，或者(但是)对问题进行抱怨	请求帮助
承担责任	不承担解决问题的责任	不承担或承担部分解决问题的责任	承担部分或全部解决问题的责任
归因导向	向外归因	向外归因	向内归因（自我反省）

愿意改变的人

简单地说，当一个青少年全身心地做好改变准备时，他就是一个"愿意改变的人"。也就是说，他是来寻求帮助并愿意与教练合作，因为他意识到了他想要解决问题。他明白自己得去解决，他愿意为解决方案及其执行结果承担责任。

抱怨者

还有一些青少年看上去是来向你请求帮助的，但他们还没有做好准备，也不愿意为解决问题承担自己的责任，这就属于"抱怨者"这一类。他们显然感觉到了一些问题，也确实想要得到帮助去解决，但还没有准备好，或没有能力找到一个可以接受的解决方案，承担自己的责任。"抱怨者"，也是寻求帮助者，倾向于把发生问题的责任，尤其是解决问题的责任，部分地甚至全部地推给其他人。他的归因导向大多是向外指责，而不是自我反省。你需要采取不同的方法，来帮助这种个案建立足够的动机，全身投入到与你的合作中。

访客

所谓的"访客"，是指那些没有表现出明显动机的人，他们根本就没有请求帮助的想法，更别说表达这样的请求，他们甚至不承认自己有任何问题。毕竟，他们通常都是由别人（父母等权威人士）转介而来的。他们来见你也只是为了露上一面，因为别人期望他这样做。与其他年龄组的个案相比，"访客"在青少年个案中所占比例更高，更为常见。

用赞美来转化个案

不管是"访客"，还是"抱怨者"，他们对直接的赞美（"你能来真是太好了！"）、个性化的正向评价（"我很高兴你提到'没有太多时间'，这表明你不喜欢浪费时间，我也是一样。"），以及对询问有关技能方面的问题（间接称赞，比如："你在学校活动中擅长什么呀？"）都会有不错的回应。这样的提问和赞美本身都是非常有力的、激励人干劲的干预措施。当你用这种积极正向的话语开启对话时，个案也会用积极的眼光看待自己，并跟你展开积极互动，这样的做法对你们的约谈大有益处。

用倾听与个案联结

成功的教练过程离不开客观观察、认真倾听以及与个案的联结，我们的目标是引发个案的意愿，一起积极合作完成流程。有时你要和你的个案一起向前走一小步，有时需要使用一些精心设计的问题……无论用什么方法，都要有助于提高个案的合作动机，推动他们朝着理想的目标前进。事实上，这些方法的效果令人惊讶。即使是一些你通常可能不会认同或觉得无法忍受的行为，当我们以同理心来看待时，也都可以转化为一种可能的资源，帮助你达成与个案之间的积极合作。试想，如果你能够识别出个案的感觉和情绪，肯定这些情绪背后的良好意愿，这对于教练过程是很有帮助的。一个人感到自己被倾听和被看见了，就更有可能向对方敞开心扉。

问一些显而易见的问题

要想展开对话并令个案乐于参与合作，一个有效的方法就是先问一些简单的问题。这些问题要简单到只能以"是的"作为显而易见的唯一答案，我们称这一类的问题为"YES 问题"。建立这个所谓的"YES 问题"集，有助于为进入下一个比较有挑战性的对话阶段做个铺垫。对"YES 问题"的回答，有可能为后续的谈话创建一个积极的期待模式。

"YES 问题"举例

教练可以用平静的语调向个案询问至少 3 个他可以坦诚回答的"YES 问题"。这样的一轮提问通常能够令个案放松下来，对合作前景会抱有积极的预期，流程的完成程度可以大大提高。

需要强调的是，教练得事先找到那些"答案 100% 是 YES"的问题。也就是说，问题简单，答案显而易见。比如下面这些例子：

教练："你是凯伦，是吗？"
凯伦："是的，我是。"
教练："你 13 岁了？"
凯伦："是的。"
教练："你是上高中二年级吗？"
凯伦："是的，我在上高二。"
教练："如果我没记错的话，琼斯先生是你们的班主任？"
凯伦："是的，你记得没错。"
教练："到目前为止，你的成绩相当不错，是这样的吗？"
凯伦："是的，我觉得是这样的。"

用一个有关个案的良好行为、优秀品质或者特长、技能方面的提问，对他加以表扬：

教练："太棒了，凯伦！你取得了这么好的成绩！你一定学习很努力吧？是不是这样？你是怎么取得这么好的成绩的？"

或者使用"间接赞美"的句式也是很有效的。

教练："琼斯先生告诉我你学习成绩很好，也确实很努力。凯伦，你的父母对你在学校取得这么好的成绩有什么感觉？"

可以想象，经过这样一轮对话，凯伦已经不再那么紧张和有防备心理了。这样的提问为接下来的谈话创造了更积极的预期。此刻，凯伦内心的抗拒——假如她曾经有一些的话——也已经减少了很多。大多数情况下，抗拒只是出于对未知的恐惧，极少是发自内心的对谈话本身的反感。只要能够看到行为背后的正向意图，包括最初的抗拒，就可以充分利用，建立良好的合作关系。我们甚至可以得出这样的结论："抗拒"根本就不存在。事实上，给行为贴上"抗拒"的标签并没有任何用处。焦点解决的方法鼓励"多做有效的事"，而给行为贴上"不合作"的消极标签，只会损害你和个案之间的关系，让教练流程无法取得进展。

教练："凯伦，我发现你在说到来见我的原因时有些迟疑。我觉得这很不一般。大多数来找我谈话的学生都是气鼓鼓的，急于告诉我发生了什么事。我看得出，你很克制，这可不是那么容易做到的。我必须承认，我自己都做不到像你这么克制。我生气的时候，总是无法控制自己。你能告诉我，你是怎么做到的吗？"

教练在觉察到凯伦最初的抗拒心理时，选择用比较夸张的表达将她的抗拒解读成一种积极的特质。这是一种极具建设性的手法，可以为教练和个案未来的合作打下宝贵的基础。

可以想见，即使凯伦依然回答"我不知道"或"我想不出来"，这种间接的赞美也会起到积极的作用。极有可能的是，凯伦会谨慎地回应，甚至会带着一些好奇期待着接下来的谈话，而不是抗拒和闭口不谈。几乎可以肯定的是：她开始对接下来的谈话有了积极的预期。

【温馨提示】这种干预方式最好不要用于处理那些具有破坏性或危险的行为状况。特别要强调的是，来自个案的任何形式的肢体抵抗（如打、踢、抓）都是不可接受的。这一原则同样适用于语言霸凌（咒骂、取笑、辱骂）和其他一些不可接受的行为（随地吐痰、故意找麻烦、蓄意破坏、在社交媒体上发帖报复等），因为这些均不属于我们这里所说的"抗拒"，对此应该有其他更适当的方式去处理，这里暂且不做赘述。

/ 个案类型 /

下面是对个案的三种类型的概括描述。

访客

- 很少或没有合作的动机（通常都是由转介而来的）。
- 认为自己没有问题（都是别人的问题）。
- 不认为或没有意识到自己需要帮助（因为自己没有任何问题）。
- 对解决方案不承担任何责任（这不是自己的问题）。
- 外部归因（认为需要改变的是其他人）。

抱怨者

- 有一些合作的动机（他意识到自己有问题）。
- 承认自己有问题（有些事困扰着他）。
- 在某种程度上需要帮助（他不想再遇到同样的问题）。
- 不为解决方案负责（其他人必须改变，这是他们的错，他们应该解决问题）。
- 基本上是外部归因（没有看到自己在这种情况下所起的作用）。

愿意改变的人

○ 有合作的动机（想要解决问题）。
○ 意识到自己有问题（这是个麻烦事）。
○ 寻求帮助（希望别人帮助自己找到解决方案）。
○ 对解决方案负责（明白自己必须要做些什么才能解决问题）。
○ 内部归因（能够看到自己在这种情况下所起的作用）。

来自学校的一个案例：马丁

马丁进来了。从他走路的样子看出他并没有做好交流的准备。他大大咧咧地坐到房间中间的一张椅子上，拿出一支烟开始用手摆弄起来。"我是提前下课过来的，"他大声说，"因为我怕过多占用课间休息时间……"（沉默）

教练："下午好！你是马丁，是吗？"

马丁："是的。"

教练："你是直接从教室过来的吗？"

马丁："是的。"

教练："是你的老师让你来的吗？"

马丁："是的。"

教练："是英语老师吗？琼斯先生，是吗？"

马丁："是的。"

教练："嗯，我能为你做些什么？"

马丁："嗯，我怎么知道，他让我（偷看）……我是说琼斯先生，他让我来的。"

教练（没有理会马丁的不礼貌）："好吧。据我所知，你们之间有些问题。"

马丁："我不知道。那是他的问题。他总是有问题。我是说，是他跟我……（马丁的愤怒似乎在转化成别的什么东西。他看上去似乎是受到了很大的伤害。）只要课上有人捣乱，他就会怪我。我不想上他的课。我跟他没什么好说的。他从不听我解释，我想解释时，他就只会让我立刻闭嘴。"

教练："听起来确实很烦人，如果你的感觉总是这样的话，我可以想象你已经受够了。你能跟我再多说一些吗？"

马丁："我也不知道，我真的什么都没做。教室里每个人都在胡闹。那个笨蛋（偷看）……根本就无法维持课堂秩序。"

教练："哦，我明白了。你和琼斯先生有没有合得来的时候？"

马丁："课堂上肯定没有。但是我在学校外面看到他的时候，他好像变了一个人。那会儿他多少会好一些，比较放松一些。其实他人挺不错的。但我想教书可能不是他擅长的事。他的神经绷得太紧了。"

教练："这么说，你和琼斯先生在外面见到的时候似乎相处得好多了？"

马丁："嗯，可以这么说吧。上周末我碰到过他，他正骑着自行车准备参加周末的自行车比赛。他的自行车跟我的是一个牌子的。他和他哥哥在一起。我们站着聊了好一阵子，甚至还一起骑车了呢。"

教练："哦，真不错。这么说你们有共同的爱好，甚至参加比赛用的自行车都是同一个品牌。"

马丁："没错。他是几个月前才买的，我差不多也是在那个时候买的。为了买这辆自行车，我跑到超市打工，攒了好久的钱。你知道吗，我在超市的工作是往货架上摆放货物。他说他觉得我很牛，因为那可是一辆非常酷的自行车。"

教练："你确实是很了不起！这需要很强的意志力，也得有很强的动力才能做到，对吗？太好了，琼斯先生也意识到了这一点，是这样吗？"

马丁："是啊，那会儿他还算是个不错的家伙。"

教练："我喜欢听你这么说。我认为你能承认这一点很了不起，尽管你刚刚还很生他的气。这表明你能全面地看待事物，既能看到不好的一面，也能看到好的一面。"

马丁："每个人都有好的一面，并不是非黑即白的，对吗？"

教练："对，你说得对。不过，我想说……"（长时间的沉默）

教练："你觉得……在琼斯先生的课上，你可以做些什么，就有可能改善目前的状况？感觉上似乎应该有这样的可能性。"

马丁："是啊，如果他能像他骑车时的那个样子就好了。"

教练："嗯。你们俩那个时候好像蛮合得来的。怎么让你们在课堂上也能好好相处呢？"

马丁："是啊，这是个好问题。我们一起骑车子时谈谈这件事？我俩在课堂上确实有点儿较劲儿。"

教练："是吧？有没有其他什么时间？"

马丁（看着教练——他不会是疯了吧？）："你不会是想让我这会儿就去找他吧？如果我真的这会儿就去找他，他不会觉得很奇怪吗？我刚才还对他大吼大叫呢！"

教练:"生气的时候,我们都可能会做一些让自己后悔的事情。他会理解你的,你不这样认为吗?"

马丁:"那你是想让我先道歉?"

教练:"你觉得怎么样?如果类似的事情发生在你身上,你希望别人怎么做?"

马丁:"是啊,管他呢!咳,我真的很生气。你知道,这太不公平了。但是骑自行车比赛之后谈这件事,也确实是一个办法。我可以问问他,为什么他总是找我的茬儿。这样做肯定会有些帮助,我可不想总是成为那个唯一被送去见校长,或者来见你的人。我也能在课堂上学到一些东西,我妈妈也可以心安一些。要是我能有点儿改变,不让她老为我操心,也挺好的。"

教练:"马丁,你已经看到这么多的好处了。你打算做些什么来实现这个目标了吗?你想到先怎么做了吗?"

马丁:"噗——(嘴里长呼出一股气,把他的香烟塞到耳朵后面)午餐时间都快结束了吧?我现在还能去找他吗?不然……还是等到放学后再找他吧?"

教练:"你觉得怎么做对你最合适?"

马丁(有点儿吃惊):"我能决定吗?那……我现在就想去找他。要不然,整个下午我都会在脑子里想着这件事。你觉得我现在可以去找他吗?"

教练:"我们可以去问问他呀。"

马丁(他整了一下帽子,立刻站了起来):"好吧,我们这就去?(他刚要离开,突然犹豫了起来。)你知道吗,我觉得我自己去就行。要是你陪着一起走到大厅,我觉得有点傻。等等,我可以先抽支烟吗？我想稍微平静一下。"

教练："好吧，先休息五分钟也挺好的。我觉得你说得对，你自己做这件事完全没有问题。祝你好运！回头我想听听你是怎么做的，可以吗？"

[2小时后在走廊上。]

教练："嘿！马丁！怎么样？"

马丁："嗯，我去问了，问他要不要一起骑车，他说可以。是他看见我在大厅时，主动过来找我的。他问我跟你谈了些什么。我马上说，我觉得他总是在找我的茬儿，班上每个人都在胡闹，可是他只会批评我。当然，我也为我的暴怒向他道歉了。（笑）你永远想不到他说了什么。"

教练："是啊，我完全想不出来。"

马丁："他说他跟我没有个人恩怨。相反，他认为我很酷。因为我们班的同学太活跃了，他觉得维持课堂秩序很难。他说我是天生的领导者，其他人都看着我，而且也听我的。他觉得课堂上点我一下，其他人就很容易安静下来。"

教练："哇！听他这么说，你有什么感觉？"

马丁："一开始我不知道该说什么，他接着说这其实是我很好的一个特质。他说，他没有意识到他对我说的那些话会让我觉得对我是不公平的。他答应今后会注意，会尝试用其他方式处理。我觉得他挺酷的。我是说，他承认他错了。"

教练："那对你来说意味着什么，马丁？"

马丁："哇，意味着很多啊！我不再生气了。我现在也更理解他了。不知道为什么，我感觉自己像是受到了称赞！"

教练："太棒了，马丁！你好大方（大度，慷慨）！"

马丁："你这是什么意思呀？我妈妈也这样说过，她看到我在面包上涂了好多巧克力酱的时候。"

教练（大笑）："这个意思是说，有时候你可能有一张大嘴巴，但你的心胸可能更大。"

马丁（咧着嘴笑着站起来）："好吧，不要告诉别人。"

教练："告诉什么？我不知道你在说什么。再见，马丁，祝你度过一个愉快的晚上。"

马丁的这个故事也许容易给人留下这样的印象：所有的问题似乎都可以通过一次约谈得到解决。但在现实生活中通常不是这样的。在这个案例中，马丁确实是一个心地善良、慷慨大方的年轻人。他很喜欢与人交往，也喜欢让人们参与到他的生活中，于是教练很聪明地以此来开导他。

我们要注意的是，这位教练是如何巧妙地让马丁转换视角的——"如果你是……你会怎么做？"——这句问话会让马丁从老师的角度来看这件事。这样的提问对年轻人非常有帮助，因为他们很容易陷在自己看待世界的视角中出不来。

类似的问题还有：

○"你认为你的朋友会如何处理这种状况？"
○"要是那样处理对你会有什么影响？"
○"你对这些有什么感觉？你的朋友有什么感觉？"

这样的问题可以帮助个案去尝试理解其他人的观点，有可能找到新的、意料之外的解决方案。但是在提出这些问题时需要好好地组织语言，要让个案感到他自己的观点同样得到了尊重和接受，避免陷入"谁对谁错"的僵局。这一点非常重要，因为在焦点解决的方法中，争辩"谁对谁错"并没有任何意义。

拥有成功的教练关系的关键是建立一种联结，在教练和个案之间展开相互尊重的平等对话。

做到这一点并不容易。毕竟你在一个特定的位置上，通常也比对面的年轻人年长，所以某种程度上的"不平等"是显而易见的。然而，如果能够留意到自己的态度，让个案感到自己是被重视的，就可以多多少少缓解这种"不平等"的状态。有时候，仅仅是意识到自己对个案及其状况的预设评判，就能帮助自己暂且放下这些预判——或者完全不让其影响自己！这些都是秉承焦点解决原则的正确做法。

有一个比较有效的能够帮助自己减少去做"负面评判"的方法就是，保持乐观的心态，坚持从积极的角度看问题。这样做除了能产生一些"正面的评判"以外，是不会有其他的不良影响的。而这种"正面的评判"反过来可以强化你与个案之间的联结。

马丁的故事表明，我们需要一种当下富有创造性的做法。这不仅需要一个积极的焦点解决的态度，还需要具有关于各种干预效果方面的知识。你所提出的每一个问题都应该是针对你的预设目标而做出的有意识的选择。对不同类别的个案，需要采取不同的干预方式，但值得注意的是，有时候一个个案当下所处的状态很难用哪一种类别来定义。

比如，在上面的案例中，乍一看马丁是个"访客"。马丁的老师琼斯先生送他来见教练，这让他很生气。所以一开始马丁对这场谈话根本就没有什么正向的期待，他甚至还表现得十分消极。但是教练并没有对此做出回应，他只是平静地审视着，试图找出对马丁来说最重要之所在。很快教练就意识到了马丁遇到的问题。马丁抱怨老师不尊重事实，这让他很烦。这表明马丁很希望能够发生改变，这在他们的谈话中表露得很清楚。因此，对个案类别的评估不是几秒钟就可以完成的，它是一个贯穿在整个谈话中的客观观察的过程，而最后这个个案变成了"愿意改变的人"。从那一刻起，马丁也就成了我们想要的"一起解决问题的合作者"。

/ 对各类来访者的干预 /

访客

- ◆ 通过建立联结和信任，寻求来访者的合作意愿，找出什么人或什么事对他来说是重要的。
- ◆ 识别并认可他的感受和立场，给予可能的称赞（对于那些已经具备的特质）。
- ◆ 询问个案，他为什么会被送来。请他说说自己对这件事的看法。（"你对这种情况怎么想？你怎么看待这件事？"）

抱怨者

- ◆ 通过建立联结、认可他的感受以及称赞他的特质来获得个案的信任和合作。
- ◆ 引导个案将其抱怨转化为正向的需求或愿望。

- 询问"例外问题":"有没有什么时候没有问题发生?那时候是什么状况?与发生问题时有什么不同?"

愿意改变的人

- 一起探寻个案所期待的愿景和目标。
- 通过更具体详细的提问,进一步明确目标。
- 确认所有可用的资源(内部的和外部的)。
- 共同确定可执行的步骤,并制订具体计划,以达成目标。

在这里,谨慎地与个案建立联结、取得信任是最关键的部分,这需要我们去营造一种可以进行平等讨论的氛围。有时,这个任务极具挑战,需要极大的耐心并抱持一个全然开放的"不知道(Not-Knowing)的心态"。你要足够灵活,让自己处于从属的位置跟随个案的心历路程,并在整个过程中随时准备为其提供帮助。不要急于提出自己的见解,即使脑子里闪现了一些想法或建议,也要尽量延迟再说出来,甚至先把它们搁置下来。对于一些性格比较直接的人来说,这需要一个较长的学习过程。练习保持积极的态度是最有效的做法。如果你能坚持用积极的眼光来看待一切,你的判断通常也会是积极的。这个积极的判断可以再次被用来作为一种手段,帮助你的教练对象建立自主动机。[1]

一个学校案例:约翰

校园旁边有一小块空地,那是孩子们放学后踢足球的地方。

---

1 资料来源:《焦点解决短期治疗导论》Berg, I.K & De Jong, P. 著,2001。

约翰踢了一脚球，打破了一扇窗户。自动报警系统立刻通知了值班老师史密斯先生。此刻，史密斯先生站在校园里，手里拿着那个足球。约翰站在史密斯先生的旁边，一起跟着检查窗户的破损情况。约翰以为他肯定会受到严厉的训斥，但他听到史密斯先生说："约翰，你看我说得对吗？你是在球场的另一边，一脚把球踢到这儿的，是这样的吗？天哪，你太厉害了！约翰，你怎么没被国家队选中呢？你是怎么做到的，你怎么有这么大的劲儿，能一脚踢出这么远的球？"

约翰被老师一连串带着夸赞的问题吓了一跳。他回答说："嗯，是的，我们在那边玩儿的时候，不知道怎么就把球踢到校园这里了。我只想把它踢回到足球场。"

史密斯先生："啊哈！如果我没理解错的话，你们踢球的时候球滚进了校园，你跑过来是要把它从校园里踢回去？"

约翰："是的，先生。"

史密斯先生："约翰，谢谢你对我这么坦诚，我很欣赏你这一点。那么，现在怎么办呢？"

约翰："呃……嗯，我们不应该在校园里踢足球。"

史密斯先生："是的……那你觉得我们现在该怎么处理这件事好呢，约翰？"

约翰："我会请迈克帮我一起清理碎玻璃的，先生。我会受罚吗？"

对于在下班后的休息时间被打扰了这件事，史密斯先生当然不那么开心。他也很不高兴有人踢球打碎了窗户，害得他要赶快张罗维修的事儿。但是通过表达对一脚好球的钦佩，他成功地掩饰了自己的负面情绪。史密斯先生的话也让约翰感到吃惊。这种打破常规的干预方式是一种不同寻常的做法，为接下来的积极沟通铺平了道路。

史密斯先生这种出乎意料的做法，让约翰不自觉地道出了所发生的一切。当然，也可能是因为问题来得突然，约翰还来不及编造出一个可信的故事，就直接说了实话。不过，重要的是这样的方式让接下来的交流变得更富有成效。与"追究谁的责任"相比，这样做反而节省了大量的时间和麻烦，可以迅速找到方法并采取行动来真正解决问题。

史密斯先生的做法就是让约翰为发生的事情承担责任。约翰担心自己会受罚也是可以理解的，毕竟规定就是规定，违反规定通常就会受到相应的处分。然而，约翰诚实的回答和愿意对事件后果采取补救的承诺，让我们有理由相信，约翰已经得到了教训，也许不需要再接受什么惩罚了。如果学校因为无法破例而必须按规定对他进行处分的话，可以想象，约翰也应该不会有特别大的抗拒。

多年的经验告诉我们，通过有技巧的提问跟个案建立联结，使其在内心形成自主动机，愿意为自己的改变负起责任，是开启"梦想成真"教练流程的序幕，也是流程得以顺利进行的前提条件，我们常常把这一步——"愿意改变"——看成是这个11步教练流程的第0步。但是如果你认为这个流程必须按照手册给出的先后顺序来执行，那就大错特错了。跟"儿童技能教养法"一样，"梦想成真"教练流程的步骤是灵活的，在整个流程中，每个步骤始终比前后顺序来得重要。换句话说，那些步骤只有在需要的时候才会被执行。教练要始终跟随个案的发展而不是生搬硬套地使用每一个步骤。

你可以根据需要把几个步骤合到一起使用，也可以跳过某些步骤，还可以重复使用某一步骤。例如，步骤2（好处）和步骤7（测评）可以很好地用于实现步骤0。或者，步骤1（目标）和步骤6（资源）可以整合到步骤7（测评）中。事实上，在某种时刻，总有某些步骤可以恰到好处地发挥其最好的作用。请切记，焦点解决方法的第1个原则：做有效的事！

第三章

明确目标

在正式进入"梦想成真"教练流程之前，青少年个案必须已经在心里准备好愿意为解决问题付出努力，或者愿意朝着既定的目标去努力。为了能够对解决方案做出准确的描述，需要做层层推敲。"梦想成真"教练流程的第一步就是帮助个案确定目标。为此，在《"梦想成真"自我教练手册》中设计了一些问题，旨在引导青少年一步一步地描述出那个他愿意付出努力的具体目标。

在第一步提出了一些问题，来帮助个案发现自己潜在的梦想和需求。这一点至关重要，因为个案的目标必须是他自己想要的，也必定是跟他的梦想和需求紧密相关的。对于个案来说，这种梦想和需求通常只出现在他的无意识层面，或者即使出现在意识层面，也常常会被当成不切实际或无法实现的妄想而被忽略掉了。通过深入对话，层层推进，个案才会具体描述出他真正想要的目标。

第1步：目标

/ 第一步在做什么？/

有一个方法可以帮助年轻人设定目标，就是让他们描述关于未来的梦想或者未来生活的理想画面。但值得注意的是，有证据表明，专注于未来的梦想，特别是那些不现实的梦想，在某些情况下反倒会使事情变得困难（Coert Visser，《基于进展的工作》，2006年）。我们要让年轻人明白，生活并不总是一帆风顺，前进的道路上常常会有阻碍，成功是通过克服障碍来实现的。

所以，更有效的做法也许是跟他们一起探讨不那么完美却比较实际一些的理想是什么样的。毕竟，有些问题可能是无法解决的。比如，一个有残疾的年轻人也许一辈子都无法改变残疾的事实，一个患有糖尿病的年轻人也许要带病过一生。然而，学会在一个受限的环境中去生活，去接纳那个无法改变的现实本来就是人生的一部分；或者，找到一个方法去克服残障给自己带来的不便本身就是一个更加实际的目标。可以想象，从长远来看，设定目标，帮助自己去接纳某种无奈的现状或者学会与之共处，对于这个身体不便的年轻人一定是有积极影响的。

"梦想成真"是一个基于焦点解决（即关注解决方案）的教练流程。更确切地说，是"关注进步"。这个方法与其说是帮助年轻人实现预先设想的理想目标，不如说是帮助他们在个人成长和发展方面取得进步。

> 目标，如果没有被真正确定好就只是一场梦。
> 米尔顿·H·埃里克森（1901—1980）

"梦想成真"教练流程的第一步就是与年轻人一起讨论他目前的情况，找出需要改进的地方，看看他希望如何改变或改善。你可以鼓励他去想象并视觉化他在一个月、几个月甚至一年后的生活，描述一下当眼下的问题或不尽如人意的状况不再困扰他时，他的生活会是什么样子。这个讨论会帮助来访的个案找到他的目标，然后用"梦想成真"教练流程帮助他一步一步地达成所设定的目标。

为了确定需要采取的措施，第一步要对未来愿景做出清晰、具体、生动的描绘。当这幅愿景蓝图足够清晰的时候，为达成这一目标所需要采取的行动方案、需要改善之处或者需要掌握的技能就自动呈现出来了。

/ 描述期待的未来 /

对于许多年轻人来说，让他们描述所想要的未来是一件极其困难的事。这些年轻人正被"我是谁，我在哪里？"等终极问题所困扰，光是应付当下的生活，就使他们焦头烂额了。

而回答"你们希望自己在一年后是什么样子？"这类的问题，也并不那么容易。一句"我不知道"的回应，令很多新手教练感到头疼，因为他们可能还没有什么经验，或者没有更多可问的问题让约谈内容得以深入。一个有帮助的做法是，和个案一起来探讨这些问题的答案。比如，你可以询问个案是否愿意想象一下一年后（或者一段什么时间之后）关于他生活的画面。焦点解决的经典奇迹问句就是一个很好的范例：

想象一下，几年以后，你对自己的生活非常满意，一切都是那么好，你经历着生命中最美好的时光。那是一个什么样的状态？你会有什么感觉？你在做什么？你那时住在哪里？你正在学习些什么？从事什么职业？

此时，个案给出的答案听起来是否靠谱并不重要，比如，有的人也许想成为一名著名的说唱歌手，或想举办个人脱口秀专场，重要的是透过这样的探讨，帮助个案找到什么是他生活中最重要的东西，什么是他的热情所在。只要这个梦想能够为他的个人发展提供能量，就可以就此展开讨论。

案例研究：乔希和玛莎的故事（续）

我们现在来看看乔希怎么样了，就是这本书前面谈到的那个经常欺负妹妹玛莎的年轻人。这一次，我（卡罗琳）和乔希单独约谈，他的母亲伊内兹和玛莎没有同来。玛莎已经明确表示，她目前不想见我，她更愿意通过电子邮件和我交流。她解释说，哥哥在旁边会让她感到不安。如果与乔希一起来，她是不敢畅所欲言的。

我跟乔希提到妹妹玛莎不想一起过来的原因，但是并没有特别强调。乔希承认，他确实会因为妹妹在约谈时所说的话回家后欺负她。

我问："乔希，你用玛莎说的话去欺负她，对你有什么好处呢？"

乔希明白了我的意思，他说他这样做是为了让自己不无聊，不烦心。"这就是开玩笑吧。"他补充道。他接着承认，他其实也明白，他这样做让玛莎很难受，而且他自己心里也隐隐不安。

我们对"无聊"这个话题继续谈论了一阵子，说了说无聊是如何令他心烦到去欺负别人的。

说着说着，乔希换了话题。他告诉我，他喜欢自己动手做事，比如修理滑板车和自行车什么的。这些天他花了很多时间鼓捣电脑，做了些自己喜欢的事儿。不过，做这些事并没有完全消除不断折磨他的无聊感。

我问他："你希望自己以后的生活是什么样子的，比如说，两年之后？"

一开始他不知道该怎么回答，后来他说道："嗯，有一件事我很清楚，我不想再住在家里了。"

我的下一个问题是："既然你不想再住在家里了，那你希望那时候是什么样的呢？"对这个问题，他似乎无须思考，因为在他内心深处早已有了答案。

"也许我会在自行车修理店找份工作，"他说，"当家里有些事让我不舒服的时候，我就喜欢去自行车棚摆弄我的自行车，这会使我平静下来。事实上，如果我能和其他男孩一起，在一个有很多人光顾的店里上班就太好了。"

很明显，乔希喜欢扎在人堆里。他接着解释道："这就是为什么我无所事事的时候会去作弄妹妹。"

我们约定好：回家后他要对自己这个之前没有意识到的想法继续深入思考。另外，他还要做一张清单，在上面列出为了得到这份工作他所需要的所有技能。下次见面的时候，我们再一起看看那份清单上他已经掌握的技能是哪些，而其他尚未掌握的技能就是他之后要学习的内容。

紧接着乔希就提到了一些他认为自己已经能够做到的事情，他补充说："是的，那些事我已经可以轻松做到了。"

他走向会谈室门口，脚步是如此的轻快，有如卸下了千钧重负一般，这与他之前拖着脚走路无精打采的样子大不相同。在关上门的那一瞬间，他转过身来对我咧嘴一笑。他的棒球帽帽檐是转向后面的，我第一次清楚地看到了他的眼睛。

这次约谈我与乔希进行了深入交流。他变得放松了，也正在慢慢地意识到：他不会一直像现在这个样子。他开始有自己的梦想，并力图找出自己真正想要的是什么。他本真的样子渐渐清晰，他想要更进一步地挖掘自己的内心世界。

在这条自我发现、自我认识的道路上前行，他更有信心做真正的自己了。他的防御面具被撕开了一个小口。我越来越喜欢这个开朗、乐观、机智的年轻人，他现在展示出跟我们初次见面时完全不同的个性。

案例研究：乔治

由于受家庭影响，16岁的乔治不得不留级一年。然而，即使是复读，他的成绩也糟糕得无法继续留在这所学校学习。他不得不转学到一所要求较低的新学校。乔治很聪明，这次转学给他的自尊心带来不小的打击。尽管这一切不是他的错，受环境的影响他无法安心学习，但他仍然为自己的挫败深感羞愧。他非常沮丧，对未来失去了信心。他甚至觉得自己在某种程度上被"扫帚星"或"恶魔之眼"诅咒了，幸运之神似乎永远不可能青睐他了。

这段时间所经历的负面事件更是进一步减弱了他的学习动机，他完全不知道自己能做什么，对前途一片茫然。

他甚至不确定自己是否真的还想继续留在学校上学。他读不下去了，希望能开始找工作。但是因为他还没有毕业，没有拿到文凭就离开学校，以后也只能做一些不需要什么技能的低薪工作。这好像也不是他想要的。他不知道自己未来的方向在哪里。他沮丧地说："我做什么都不行。"

我们一起谈论了他喜欢做的每一件事，以及对他来说重要的事情。在这个过程中，乔治对许多问题有了全新的清晰认识。比如：他非常喜欢和朋友们在一起，他尤其喜欢为他们做饭。他喜欢在厨房工作，他觉得自己的味觉和嗅觉特别灵敏。他跟朋友们有时会玩那种蒙着眼睛比嗅觉和味觉的游戏，他总是会赢，这让他在朋友中间很受欢迎，大家甚至戏称他为"鼻子乔治"。

乔治有点儿含含糊糊地跟我谈起这些，但是可以明显看出，他是相当引以为傲的。

我问他一年后可能会在哪里，他一时答不出来。但是对于5年后他在哪里，他明确地说："我会在一家餐厅的厨房里工作。"很显然，他有一个名厨梦，他想成为杰米·奥利弗。不过，他又马上否认了，他说不相信自己能把梦想变成现实。

杰米·奥利弗是出现在电视节目《24厨房》里的一个名厨，乔治经常看这个节目。杰米·奥利弗是乔治的偶像。

我："乔治，为了实现你的梦想，你觉得你必须做哪些改变？"

乔治："我不知道……但这没关系，反正我是不可能实现我的梦想的。"

有趣的是，乔治居然能够为想要追求这一梦想的"任何人"指出两种选择。

乔治："你知道吗，有很多厨师的培训课程，或者也可以直接去餐厅工作，然后参加在职培训，边干边学……"

我们一起讨论了这两种选择的各种优势与劣势。很快，我们就得出结论，参加全日制脱产培训可以确保乔治掌握所需要的那些厨艺，达到就职水平。不过，选择在职学习的好处是可以马上挣到薪水，让他自给自足。哪种选择对乔治最有利呢？

乔治比较了这两种选择。能够看出来，乔治对这些刚刚发现的可能性越来越有热情。随着谈话的深入，他渐渐地不限于这个话题，转而更多地谈论自己如何去实现他选择的目标。他同意我的看法，他会请求目前所在学校的导师帮助他申请可能的奖学金，有了这笔经济支持，他就可以参加全日制培训课程了。

在接下来的一次约谈里，乔治告诉我，按照我们的约定，他跟学校的导师进行了交谈，他的导师真的帮助他申请到了奖学金。他已经决定报名参加专门的厨师培训了。以他目前的学历，他可以立即开始为期3年的专业培训学习。

让你靠近未来的目标

对美好未来有一个清晰的画面，比仅仅确定一个目标去努力要重要得多。想象一个不再被问题困扰或者问题已经大大改善了的未来，有助于抱持乐观的态度。这样的积极心态能够防止沮丧或保持希望。丧失希望是抑郁状态的一个重要特征。

沮丧之人往往对未来非常悲观，或者不以积极的态度看待未来。焦点解决模式极大的优势之一就是帮助个案重新去找寻一个积极的、可以实现的未来。当你帮助个案一层层地拨开迷雾，更清楚地看到未来那些新的可能性时，个案就会慢慢找回他的自信。一个新的空间被打开，那些潜藏的希求就会自动呈现出来。

同时，向个案询问他对未来的期待，也是在表达你对个案的尊重。因为你只是问问题，而不是告诉他应该怎样去生活——这是大多数青少年都非常反感的一种姿态！这种开放式的提问，不仅表达了你对他们选择发展方向的好奇，还更多地体现了与他们在这个重要的探索游戏中的平等关系。此外，这样的问题会有助于确立一种合作共创局面，而这时你会发现，个案很少或根本不会抵触回答你的问题。

工具箱里的工具

（图：两个同心圆，内圆中写"我想要改进的"）

如何使用这个工具？
　　在墙上挂一张活动挂图或一张大纸，在上面画两个同心圆，一个内圆和一个外圆。内圆代表已经实现了的（进展顺利的）部分；外圆代表仍然需要努力或者还可以改进的方面。让你的个案用马克笔在内圆中写下已经取得的成就，然后将需要完成的事情写在便利贴上，将其贴在外圆里。可以用量尺的方法贴便利贴：写有越接近目标的事情的便利贴，就贴到离内圆越近的地方。

循序渐进
1. 在一张大纸或白板上画两个圆。
2. 询问你的个案：已经取得了什么成就，有哪些强项、天赋、特长，有什么让自己感到满意或自豪的方面。请他直接写在内圆里。试着尽可能把内圆填满。这是一种为个案寻找资源和建立自信的方法。
3. 让年轻的个案在不同的便利贴上分别写出还有哪些需要达成的目标或者想要改进的地方（最多写三条），然后把它们贴在外圆里面。
4. 引导年轻人思考想迈出的第一步是什么，并请他写下他该如何去做。
5. 随着逐渐实现目标，允许个案渐渐移动那些便利贴的位置。离目标越近，便利贴的位置就越靠近内圆。一旦目标实现了，就可以直接写进内圆了。

> 使用同心圆做团队建设
> 1. 整个团队共用一个同心圆挂图；或者把团队分成若干小组，每个小组都有一张属于本组的同心圆挂图。
> 2. 让小组成员直接在内圆里写下他们已经取得的成就，他们这个小组有什么优势、对什么感到满意或自豪。在便利贴上写下还有什么想要达成的目标或者想要改善的部分，将其贴在外圆里。
> 3. 也可以把这个同心圆分成几个区块，分别代表几个子目标或不同的重心，例如：左侧是与个人能力相关的议题，右边是与团队功能相关的议题。还可以以不同的角度或绩效领域加以区隔，或者干脆按照每个人来划分区域。
>
> 使用同心圆的优点
> 1. 简单、方便且目标导向。抓住本质，直接朝期待的方向推进。
> 2. 可以帮助年轻人看到自己已经取得的成就，他们经常会为此感到欣喜。

来自诊所的一个案例研究：萨曼莎

萨曼莎是一个18岁的女孩，听从了学校导师的建议前来找我（卡罗琳）咨询。因为几次预考都不及格，她看起来忧心忡忡。她的导师告诉我，萨曼莎最近对学习的兴趣越来越低，学习成绩也下滑得厉害。她的父母告诉导师，萨曼莎在一些看似无足轻重的小事情上也很容易失控。她经常大发脾气或哭哭啼啼。她的一个好朋友也表达了对萨曼莎的担心，她说萨曼莎在她们的谈话中不止一次地表示过负疚感和无价值感。萨曼莎和导师交流了有关睡眠不足、食欲不振、在学校难以集中注意力去学习等问题。

进了门，萨曼莎直接坐在了离门最近的椅子上。我还没来得及给她倒杯茶帮助她放松下来，她就开始抱怨说，她常常记不住上课时都教了什么，也记不住读了什么书。说话的时候，她显得非常不安和激动。她说，这些天她的脑子似乎什么都记不住，有时候也只是记住一小会儿。在我们开始讨论她的问题之前，我问她是否还有什么其他想说的。

萨曼莎："嗯，我想知道你是做什么的，跟你谈话对我有什么好处？"

教练："这是个好问题。这是很重要的，在我们开始之前，知道这种谈话对你有什么好处。我是一名焦点解决治疗师兼教练。我会帮助人去构建解决方案，而不是去解决问题。也就是说，我会跟你谈论你想要的东西，而不是谈论你想要摆脱的东西。你觉得怎么样？"

萨曼莎："这听起来当然比只谈论我的问题要好了。"

教练："很好。但这并不意味着我会忽视你的问题。大部分时间我会和你讨论你所希望的样子。你希望未来是什么样的？"

萨曼莎："这个问题很容易回答。我真的希望妈妈不要一直逼着我学习，对我有那么高的期待，不要在学习上给我太大压力。她让我觉得自己是个彻头彻尾的失败者。不管我怎么努力，似乎都无法取悦她。她对我从来就没有满意过。要是我考试不及格，我就会觉得不如死了算了，免得辜负她的厚望。我不是说要自杀什么的，我并没有试着自杀，我只是觉得特别内疚和羞愧，因为我无法满足我父母的期望。（停顿了一下，叹气……）我承认，我确实时不时地会有那样的念头。但是……在我感到特别沮丧的时候，真想让这一切都结束。我是说，那个压力，还有唠叨，就好像一直都在我的耳边，即使在我一个人的时候，也会听到这样的声音，就在我的脑子里，说我这不好，那不好，不去尝试，不够努力，不够聪明……你知道，就像这样，总是这样。"

我（卡罗琳）静静地听着萨曼莎诉说她的忧虑，满怀同情。她看起来是那么焦虑，忧心忡忡。她描述的那些细节让我仿佛清楚地看到了一个年轻女孩面对巨大压力而无所适从的情形。我的耐心倾听以及对她切身感受的认可，让萨曼莎感到自己被看到和被听到，她好像有了一些积极的变化。我们坐在一起，开始谈论她的未来。她的目标非常明确。我对她也由衷地表示钦佩。

萨曼莎说："我要通过考试，拿到文凭，去一所好大学读硕士和博士，甚至可能去留学。然后我要找到一份好工作，当个律师，让我的父母为我骄傲。"

我称赞了萨曼莎，因为她已经迈出了如此重要的一步，对自己未来的目标进行了如此细致的思考。虽然她似乎觉得有些希望了，但对于如何实现她所期待的未来，她还没有一个清晰的想法。那些目标似乎仍然遥不可及。我们决定一起来探究一番。我在白板上画了两个同心圆：先画了一个大圆，再绕着它画了一个更大的圆，有点像一个交通标志。

我递给萨曼莎一支马克笔，请她在内圆中写下她能想到的、目前在她的生活中进展顺利的所有事。她似乎有些犹豫，但是按照我的指示，她还是站了起来，走到白板前，写下：我通过了两门考试。

教练："太棒了。你还能想到什么？"

萨曼莎又写下："我上周的一次大考得了B。"

教练："太棒了！你现在还有哪些方面自己感觉是不错的？"

萨曼莎："我对朋友很忠诚。"

教练："哇哦！太棒了！把它写下来。"

萨曼莎（开始咯咯笑）："说来好笑，我还是我们班上年龄最大的，而且我还挺像'大姐大'的。我们班的同学都很欣赏我，我爱整洁，信守承诺，有责任心。我一般都挺严肃的，但有时和大家玩得特别开心。"

她转过身看着我笑。此时的气氛与之前完全不同，明显轻松得多了。看来这个热身效果不错。她重新发现了自己的特质、才能、成就，她把这些一个接一个地填写在内圆里，直到内圆几乎被写满了。然后她停下来看着我。

萨曼莎："外圆是干什么用的？"

教练："好问题。这个圆是用来写你想做得更好的事情。但我想让你把它们写在这些黄色便利贴上，而不是直接写在这个外圆里。"

经过一番交流和思考后，萨曼莎选择了三个目标，写到了三张便利贴上。

教练："萨曼莎，这三张便利贴上就是你确定的三个主要目标：管理你的压力水平，提高你的注意力，为考试做好准备。你想要把它们放在什么位置？在外圆的外面，外圆的边缘线上，还是放在中间，或者紧紧挨着内圆的边儿？你可以将此作为一个衡量标准，放的位置越接近内圆，就代表这件事会做得越好，或者达标程度越高。"

萨曼莎把写有管理压力水平的便利贴放在外圆的边缘线上。

萨曼莎："我觉得我不知道该怎么做，我真的很想把它做得更好。我的意思是，我需要学习一些技能。"

然后，她把另外两张便利贴放在外圆中间的位置上。

萨曼莎："嗯，为了准备下一个考试，我和我的导师制定了一个学习计划，而且我已经开始着手复习了，我想差不多复习一半了。我发现，如果我睡眠充足，按时作息的话，我更容易集中精力学习。我还发现，当我放松心态时，我的专注力也会提高。以后我要尽量让自己放松，这样我就能更好地集中精力。"

教练："哇，萨曼莎！真是太棒了！你已经开始为你的两个目标努力了，并且你也有了一些收获。你的第一个目标是管理自己的压力水平吧，好像你也已经采取一些办法了。"

萨曼莎："哦，你说得没错。它实际上跟我的专注力提升有很大的关系。我以前没意识这一点。"

教练："你今天做得相当不错，表现出了很强的洞察力，我很高兴。你觉得我们今天的讨论怎么样？"

萨曼莎："嗯，来这之前我都没有发现自己的状况已经在改善了。我好惊讶。我真的感觉好多了。"

教练："那么我们下次再多讨论一下你想做的事情，你觉得怎么样？一起看看从中可以发现些什么，看看你已经拥有了哪些技能和资源，可以帮助你更容易实现目标，再看看你还需要做些什么。我们可以一起制订一个详细的计划。怎么样？"

萨曼莎："嗯，感觉很不错。好的，就这样吧，我很乐意。"

教练："太棒了！就这么定了。下周同一时间见。"

有两种方法可以帮助你的个案探索他想要的未来。你可以像

《"梦想成真"自我教练手册》中建议的那样,从他想要实现的某个目标(一个清晰的未来愿景)开始,也可以从他当下想要解决的问题入手。用这两种方法所达到的效果是一样的,只是所问的问题不太一样。无论哪种情形,作为一名教练,重要的是能够帮助你的年轻个案在这一刻认清他目前的情况,以及他想要的改变。一旦他找到了这些问题的答案,他就知道该把精力放在什么地方。由于年轻人通常很难突破他们的限制性信念,所以你需要推动他们去探索,帮助他们描画未来,设定具体目标,并让目标一点点清晰起来。只是简单地问一句"你如何看待自己的未来?"是远远不够的。你需要就此一直追问下去,直到个案的头脑中呈现出一个清晰而富有细节的生动画面。

如果个案向你讲述了他的问题,接下来你向他像下面这样发问,可以帮助他清晰地勾勒出他想要的未来。

- 你不想有这些问题,那么你希望看到发生什么样的事?
- 如果这个问题不存在了,会是什么样子?
- 如果这个问题解决了,你会在哪些方面变得好一些?
- 你希望在哪个方面发生改变?当你看到什么迹象就知道"嗯,有改变发生了"?
- 其他人会注意到哪些变化?

如果你的个案只是想设定某个目标,并希望能够在未来实现它,但与当前的问题没有直接的关系,你可以提一些一般性的问题,比如:

○ 你想要的未来是什么样子的？你的梦想和期待是什么？
○ 你将来想实现什么目标？
○ 你希望目前的情况有些什么改变？
○ 你怎么知道你已经实现了这个目标？
○ 想象一下，6个月或者一年以后，我们又见面了，你在各方面都进展顺利。你能告诉我，在你身上都发生了什么吗？你那时在做什么？你都实现了什么目标？

简而言之，你要一直不停地追问，直到个案能够对他想要的未来做生动而详尽地描述，你要做的就是层层递进提出问题。有的时候，个案的回答并不总是正向的。如果他给出的是负面的描述，例如"问题不存在了"或"停止做什么"，你可以引导他重新组织语句，把"负面的描述"转化成"正向的描述"。你也可以通过更深入和更直接的提问来帮助个案得出更明确的答案。例如：如果个案说"我不想这么不快乐"，你可以问："所以你想更快乐，对吗？你所说的更快乐，具体是什么样子的呢？"

在帮助个案重新组织正向描述的语句和提出更多问题的时候，使用个案的原用语可以让他觉得自己被听到和被理解到，用问询的语调跟个案确认可能的正向描述，显示出对他的尊重。例如：如果个案说："我会心情愉悦，因为我们不再彼此忽视了。"你可以说："嗯，你会心情愉悦，你们不再彼此忽视了。所以，你们能关心彼此，是吗？"这样调整成正面表达之后，你们的对话还可以继续下去："当你们能彼此关心的时候，你们在一起更快乐了吗？那是什么样的呢？你们是怎么相互关心的？"通过这种方式，你可以帮助个案继续以积极的语气细致地描摹出他想要的未来。

投入一些时间，努力帮助个案发掘出他内心的渴望。开始约谈的时候，如果询问个案关于未来的问题，经常会得到"我不知道"或"我想不出来"这样的回答，这是很正常的。这样的回复确实让人沮丧，但并不等于你们的谈话就此结束了。遇到这种情况，你需要做的就是再坚持一下，再多问一些问题。有时候你也可以闭上嘴巴，耐心地等待一会儿。很多时候，当你等待了一段时间后，个案就会开口说一些话，回答你的问题。这可能是因为当个案在说"我不知道"的时候，其实他是需要一些时间来思考答案的，所谓的"我不知道"只是意味着当下他还没有想清楚，他需要时间。所以你不用着急，保持淡定，继续发问，引导个案去深入思考。如果你觉得已经问完了所有备选问题，还可以这样问："还有吗？你还能告诉我些什么呢？能再多说一些吗？"这些简单有效的问题可以帮助你走出窘境，让谈话得以继续深入。

来自诊所的一个案例研究：罗恩

教练："你想过你以后的生活会是什么样子吗？比如五年以后，罗恩？"

罗恩："不知道啊。我怎么会知道！"

教练："是啊，我知道你是很难说出来的。不过，你不妨想象一下——假设现在，此刻，已经是五年之后了，你对于自己的生活非常满意，一切都如你所愿，你非常的开心……那么，你在做什么呢？你的生活中发生了什么呢？"

罗恩："嗯……我想我可能正在做跟音乐有关的事。我的意思是说，我已经是一位吉他手了，我真的很喜欢弹吉他。谁知道呢，也许我正在和自己的乐队一起演奏吧。"

教练："哇！听起来很有意思，罗恩。你和你的乐队会演奏什么风格的音乐？"

罗恩："嗯，实际上我喜欢各种各样的音乐。但要是演奏的话，我更喜欢民谣——有点儿像布鲁斯的那种。我经常自己谱曲，写歌词。我可以用这种方式来表达我的一些感受。"

教练："罗恩，你能告诉我，你觉得五年后你会写些什么歌吗？你是怎么来写这些歌的呢？"

罗恩："我最想跟一些好朋友一起玩音乐。我想有一个属于自己的地方，我们一起在那里排练……可能还会有一个小录音棚。没错，我们会有一个小录音棚，太完美了！嗯，这些歌应该是关于……嗯，我现在还不确定。我想可能是关于任何事情的。哦，是的，应该是关于爱情，对吧？大多数歌曲不都是关于爱情的吗？"

教练："好吧，好吧……这些听起来都很专业，是你对未来的美好展望……刚才听你说这些的时候，我有个感觉，我觉得你已经走在创建这个美好未来的路上了。"

罗恩："哦，你这是什么意思？"

教练："嗯，你告诉我你平时就有在弹吉他。你显然很有音乐天赋。你告诉我，你已经写了一些歌了……我觉得吧，你似乎已经有了一个不错的开始。"

罗恩："嗯，是的，也许……让你这么一说，好像确实是这样的。可问题是，有那么多人想进入音乐圈呢。"

教练（故意不理会这个负面陈述）："你能再多说说五年后要

成为音乐人的梦想吗？我是说，我在哪里能看到你？可以在哪里找到你的唱片，或者去哪里听你的音乐会？"

罗恩："嗯……如果我真的开始朝着这个梦想努力，我想要去旅行。我不会总是待在一个地方——我可不想这样。我想我会遇到很多有趣的人，哦，是的，我会了解一些其他的文化。那真的会很有趣，尤其是从音乐的角度来看的话。我很喜欢传统的美式布鲁斯和老式蓝草音乐。你知道吗？它们在五十年代早期就开始风靡了。特别有趣！我希望有好多机会和其他音乐家一起演奏，在录音棚里，甚至是巡回演出。要做到这些，我首先得让自己提高音乐方面的才能，可能需要学习一段时间的音乐理论知识……啊，我知道，做这种类型的音乐是不会挣太多钱的，但是，只要我能演奏，我就会乐享其中，对我来说就够了。"

如果你认为通过这样一场谈话，年轻的罗恩就会不断努力成为一个音乐人，那就太天真了。罗恩最终能否成为音乐人取决于许多因素。重要的是，他能够开始为自己描绘出一幅关于未来的愿景蓝图，而这幅愿景蓝图来自他的内心，有足够的吸引力，使得他愿意投入时间与精力做出力所能及的努力，让它变成现实。有趣的是，通过详细讲述这个梦想可以让他意识到，他已经走在实现梦想的路上了，他是有可能让这个梦想变成现实的。换句话说，他的部分梦想已经实现了。对罗恩来说，能够意识到他可以沿着这条道路继续前行，不断进取去实现梦想是非常重要的。就好像突然之间，他发现了自己的热情和喜好所在。

罗恩能够有这样的发现，是因为他被鼓励着进入想象的世界，是他的教练用富有创造性的提问把他带进了无尽的想象世界。

在这个例子中，教练一开始就问了这样一个问题："你想过你以后的生活会是什么样子吗？比如五年以后？"稍加引导，罗恩就克服了最初的犹豫，进入了想象的世界。但如果罗恩还是说不出他对未来的想象，就用其他的提问方式。

备选问题1

教练："让我们假设一下，今天是距我们第一次约谈的五年以后。你可以想象自己现在的样子吗？你现在在哪里，罗恩？啊哈——你在微笑，你看起来真的很开心！发生了什么事？是什么改变了你，让你看起来如此快乐，容光焕发？你可以用'现在时'跟我描述一下想象中的情景吗？就跟真的那么回事一样。"

如果只是没有铺垫地突然发问："将来会有什么不同？"个案可能很难给出具体的回答。然而，如果你能够问些引导性的问题，带领个案进入想象的世界，语气、用词不妨夸张一些，就更有可能激发他做出更全面和更详细的描述。你可以在问题中嵌入一个未来的特定场景，请他在想象中加入各种细节去丰富梦想中的画面。

备选问题2

教练："想象一下，我是一只小苍蝇，就在你刚才说到的那一天，不小心从窗户飞进了你的房间，落在了墙上，能够清楚地看到房间里发生的一切以及房间里的每个人。我看到你和你的朋友们正在讨论上周发生的一些重大事件，你们的情绪看上去都非常好。我，一只苍蝇，趴在墙上偷听着。我会听到你们谈论什么呢？是什么事情让你们所有人这么高兴的？我看到了什么？"

使用这样的问话技巧，会更容易让年轻的个案在描述时给出更多的细节。他在描述"想要什么，而不是不想要什么"时，一幅"未来看上去可能是什么样子"的生动而细节丰富的画面就会呈现在你和他眼前，有如具有杜比环绕音效系统的家庭影院放映的 3D 大屏幕电影一样。

还有一种激发个案发挥对未来的想象的做法是运用"局外人的视角"。所谓的"局外人"，是指个案身边能够感知其变化的人。

教练："如果你的情况变得好起来了，你最好的朋友会注意到什么变化？他们会说你哪里改变了？"

为了让这个"画面"更完整，可以使用"还有吗？"这个问句去挖掘更多的细节：

教练："你最好的朋友会看到你明年有哪些变化？"

个案："他们会看到我选修了更多的课。"

教练："听起来不错。还有吗？"

个案："我想他们还会注意到我更加努力了，不再逃学了。"

教练："所以，你会更频繁地去学校，选修更多的课程，并且更加努力。还有吗？"

大多数情况下，透过这种温和而持续的发问，可以从个案那里获得更详细、更完整的关于他对未来想象的生动描述。不过，在某些情况下可能还是不行，因为个案不懂为什么要去想象那个没有影儿的未来。这时候最好简单地解释一下，告诉他，开始的时候可能会觉得有些奇怪，但是用这样的方式去探索未来肯定是有帮助的，哪怕第一眼看上去那个想象的画面似乎根本就不太可能实现。跟青少年讨论一下关于憧憬未来的好处，有助于提高他们对这类话题的兴趣。

有时候，来访的青少年满脑子装的都是那些困扰他们的问题，根本无心去想什么未来。在这种情况下，跟他谈论未来的愿景是毫无可能的。最好的做法是先不去谈未来，而是关注他所处的当下。对于每个人来说，在此刻感到被倾听和被理解，远比去谈论一个想象的未来或者关于如何改变重要得多。年轻人也不例外。感受和情绪需要释放的空间，必须得到充分的尊重和纾解。

试一试：

这是一个小练习。你需要准备一支笔、一张纸和一个信封，大约需要半个小时的时间。你可以和你的个案一起完成，就算你选择一个人去做，也会从中受益的（小提示：即便你可能更习惯使用电脑，但如果用手写的方式，练习的效果会更好些）。

想象你乘坐"时光机器"到了未来。你可以自行选定一个具体日期，比如两年后的今天，或者几年后特定的某一天。那一天，你收到了一封好朋友的来信，他住在世界的另一端，你们已经好几年没见面了。你特别高兴，想给这个朋友写封回信，告诉他你最近怎么样，在忙些什么。你要在信的开头标注上（未来的）日期，然后写道："亲爱的_____，很开心收到你的来信，知道你一切都好，为你感到高兴。我也忍不住想跟你分享我现在的生活和这些年的变化……"然后向你的朋友描述（用现在时）你的生活（在未来的那个时刻）是怎么样的，你生活在哪里，跟谁在一起，做着什么，如何享受生活的……放飞你

> 的思绪，大胆想象，不要被限制性思维所困扰。
> 　　写完后，把信收在信封里，封好，放在安全的地方，以便以后的某个时间去阅读。你甚至可以在你的日记里标注一下，这样你就可以记得在未来的那一天打开这封信，看看你刚刚写了些什么！到时你可能会对信上的内容，以及你那时的生活与其的相似程度感到非常惊讶。

如果你的个案已经准备好去探索他的未来，你们也一起勾勒出了他想要的未来蓝图，就可以继续前行了。你们可以一一去确认那些能够帮助他"梦想成真"的具体的小目标，然后鼓励他一步步去达成。终将有一天，个案会把梦想变成现实。

/ 鉴别并选择目标 /

虽然谈论那些令人憧憬的未来是令人愉快和激动的，但是理想的未来不会自己到来。即使是年轻人也都明白，只有付出努力，才能在某种程度上实现这个梦想。他们需要采取行动，需要去学习新技能，或提升已有的技能。也就是说，你要么在一些事上做出一些改变，要么沿着以前已经被证明是通往成功的道路上继续努力，持续提升。

SMART 原则

为了帮助个案弄清楚需要在哪些事上做出改变，或者需要学习或提升哪些技能，作为教练，可以首先向他说明一个关于确定目标的 SMART 原则：所确定的目标必须是具体的（Specific）、可衡量的（Measurable）、可接受的（Acceptable）、现实的（Realistic）和有时限的（Time-bound）。

对理想未来的描述很少符合这些标准，它只是一幅理想的图画，一个美丽的梦想。为了走向这个美好的未来，你首先需要跟个案一起确定一个具体的目标，通过达成这个目标来靠近这个期待的未来。这个所确定的目标跟梦想不同，它应该是具体而清晰的，是当事人能够做到的，并且是可执行的。运用 SMART 原则，可以让目标的设定变得更加明确和具体。这样，个案就能够准确地理解，人们对他到底有什么期待，以及他在约定的时间内实际完成什么。

在焦点解决的约谈中，通常可以通过下面列出的一些问题来帮助个案确认符合 SMART 原则的目标。

- 具体的（Specific）："你到底要做什么？如果实现了那个目标，那时候是什么样呢？"
- 可衡量的 (Measurable)："你是怎么知道你已经实现了这个目标了？实现了这个目标后，哪些人会看到呢？他们会看到哪些明显的变化呢？跟现在有什么不同呢？"
- 可接受的 (Acceptable)："实现这个目标是有好处的，那么对你有什么好处？还有谁会从中获益？"
- 现实的 (Realistic)："你有什么资源（才能、技能、能力和经验）可以帮助你实现这个目标？"
- 有时限的 (Time-bound)："你打算什么时候完成这个计划？你希望用多长时间做到？你觉得我们什么时候可以跟你一起庆祝你的成功？"

许多读者可能已经注意到，这样的一串提问本身就已经像是进入一个迷你版的"梦想成真"教练流程了。

此外，目标必须足够有趣。年轻人喜欢接受挑战，愿意为实现某个目标付出努力，但是这个目标必须是他们自己设定的，而不是别人强加的。他们需要有自主权，能自我决定，能看到这个目标的价值。只有这样，才能让他们激发出最佳动机。

为了让那个完美的梦想变成现实，通常需要确定不止一个目标，也就是需要改变不止一个方面。当然，如果恰巧只是需要在某个方面做出改变，接下来的流程就变得非常简单，直接聚焦这个单一的目标执行"梦想成真"的教练步骤即可。当有不止一个目标的时候，就要先把这些目标全部罗列出来，再进行一次有意识地筛选，让个案自行决定哪一个是他的首要目标。有时候他会感到难以取舍，这是非常正常的。作为教练，可以在此刻为他们提供有价值的支持。下面的问题可以用来帮助个案做出选择：

"在所有这些目标中，哪一个目标的达成能最有效地帮助你梦想成真？"或者换个说法："你觉得哪个目标是关键目标，它的达成能够促进对其他目标的实现，帮助你快速地接近你的梦想？"

通过对这些问题的回答，个案会更容易确定他们的首选目标。

此外，还有一些工具或具体方法，可以帮助个案厘清自己的想法。

> **工具箱里的工具**
>
> 关键问题
>
> "你需要拥有什么能力，会做什么事，或者你还需要学习什么技能，能让你的梦想离现实更近一步？"教练要和个案一起尽可能详细地列出所有有助于实现目标的技能、能力和行动。"还有吗？"这是一个简洁的提问，可以有效地增加列表的长度。
>
> 如果列表已经完成，没有需要补充的了，就可以进一步审视这份列表清单了。相关的问题包括：
>
> - 在所列出的行动中，哪些是已经进行中的？
> - 在所列出的技能中，哪些是你已经掌握了的？
> - 你具备哪些特质或者特长？
> - 这些技能在哪些情况下你已经可以有效使用了？
>
> 通过问这样的一些问题可以让个案意识到他实际上已经拥有了一些让他接近那个目标的能力和技能。这样一来，那个目标看起来似乎就更容易实现，梦想也变得没有那么遥远，离现实更近了。

经验表明，许多青少年都能马上选择一个他们非常愿意为之努力的目标。只要简单地浏览一下列表，就能确定哪个目标是对自己最有帮助的。可以想象，如果面对的是一串问题清单，而不是目标清单，年轻人的感受肯定是不一样的，处理起来也会愈加烦忧。他们难免会花费很多的时间去查找问题的根源，甚至会去查找"所有问题背后的根本性原因"，还可能会与其他相关人士（比如老师、家长）去讨论，出现不同意见也是在所难免的。嗯，恐怕只会让解决问题变得很复杂。

我们不妨举个例子来看看"目标清单"和"问题清单"所带来的不同感受。

想象你是一名老师，身边有一群捣蛋鬼学生。下面这个清单上就是这个班的所有问题：

1. 女孩们之前经常互相欺负。
2. 男孩子们总是调皮捣蛋，扰乱课堂秩序。
3. 家长们似乎对孩子的学业成绩漠不关心。
4. 许多学生因为家庭生活困难，买不起课本和学习材料。

这份问题清单让人看了感觉相当沉重和压抑。那些问题看起来非常严重，对此，无论哪个老师都会失去信心。那么你该如何解决问题呢？你可能会试图在这个清单上的各种问题之间寻找关联，或者会试图去分析哪个问题是造成其他问题的根源。毫无疑问，这将是一个具有相当挑战的任务。

现在，让我们换个方式重新列个清单。清单上陈列的不再是问题，而是把每个问题转换成可以实现的目标。那么，关于这个班级的状况就有了下面的这份清单：

1. 女孩们需要学会相互更加宽容，每个人都感到更舒适，感到被接纳。
2. 男孩子们能够学会在课堂上保持安静，举止得体。
3. 老师和学生们一起想办法，让家长更积极地参与学校的活动。
4. 校方要设法确保所有的学生都能有课本和学习材料。

上面这份清单上的四个目标看起来都很重要，而从某种意义上来说是不需要关注哪个目标是最重要的,而是要确定首选目标,即"哪一个是最容易也最有可能对其他目标产生最大影响的目标?"这才是最现实的。

来自诊所的一个案例研究:迈克尔

迈克尔刚满18岁。他每天喝酒,长时间沉迷于网络游戏。他的养父母对他的这些行为很不满意。他们认为,酗酒和打游戏是迈克尔在学校和家里出现所有问题的根源,但是迈克尔不以为然。

迈克尔不会为别人着想,经常在家里制造麻烦。他不做家务,把房间弄得又脏又乱,却从不打扫。事实上,他在哪儿都会把哪儿弄得一团糟。有时候他会连续几天躺在床上看网络电影或者玩网络游戏。一位行为治疗师诊断迈克尔患有依恋障碍。他的父母对这个诊断持怀疑态度,因为在他们看来,迈克尔的反社会行为是在他开始酗酒、吸烟,并沉迷于网络游戏之后才出现的。

家长和学校对迈克尔有一大堆的抱怨。他还曾触犯过法律。为此,他接受过各种专业人士和官方机构的各种干预,均没有任何成效。更令人头疼的是,由于对迈克尔有这些问题的成因持不同的看法,各方一直无法达成一个长期有效的解决方案。

然而,当请迈克尔和他的父母描述他们以后想要的生活时,可以明显看出,他们的描述有很多相似之处。大家都觉得,迈克尔应该离开家,去独立生活。他们一起拟定了一个清单,列出了为实现这一目标要做的所有准备。迈克尔自己也明白,他必须付出努力才能实现这个目标,他表示愿意这样去做。通过这种方式,迈克尔清楚地认识到,他和父母之间是有共同之处的。他有了新的动机，愿意和周围人好好地沟通和合作。对于问题的解决，这无疑是一个积极向好的开端。

当出现两个或两个以上看似不同却又同样重要的目标时，一个简单的做法就是请当事人做一个选择："你更愿意先完成哪个目标？"给当事人自主选择权，可以增强他完成任务的动力。一般来说，只需要看一眼目标清单，年轻人就可以做出自己的选择。这个选择不需要有多么"正确"，只要当事人个人感到"是更有吸引力的"就够了。我的一位年轻个案曾经说得很清楚："有时我想吃一块巧克力，有时我更喜欢吃爆米花或薯片。"倘若你的个案确实感到无法在这些可能的目标中做出选择，你还可以继续问这样一个问题："这些目标中的哪一个可能对你实现理想最有帮助？"这样发问通常可以帮助他们走出"困境"。

/ 变消极为积极 /

就像前面说的那样，人们习惯于用负面的陈述来表达自己所期待的未来，比如"不再做某些事了"，或者"一些不好的事情消失了"等。但事实上，"停止旧事"比"开启新事"要困难得多。想想"戒烟"或"不吃甜食"的难度就能理解这个意思了。透过努力摆脱恼人的坏习惯或麻烦的问题来达成自己的愿望是很难的。

有一个很有趣的现象：如果你过度关注某件事，只会让这件事变得更大和更重要。"停止吸烟"意味着你仍然把关注点放在吸烟这件事上，而不是过上更健康的生活。"停止说谎"关注的是说谎，而不是说实话。举一个语言学上的著名例子："在接下来的10

秒钟里，请不要去想象一头粉红色的大象。猜猜会发生什么？"你一定满脑子都是……粉红色的大象！

幸运的是，大多数这样的消极指令或目标都可以换作积极的方式来表达。在迈克尔的例子中，"戒酒"可以转换成"保持清醒"，"不再过度沉迷网络游戏"可以转换成"去做其他更有用的事情"，"不逃课"很容易转换成"按时上课"，"不咬指甲"可以转换成"呵护指甲"。简言之，你只需要找到一个正面肯定的描述来表达你想要的积极结果。需要注意的是，转换后的表达未必只是"问题的反面"，换句话说，它们未必是一一对应的。比如说"不再说谎"可能转换成要学会"说出真相"，也可能是"什么也不说"。"停止与父母争吵"可以转换成"尝试与父母和解，更好地与父母沟通"，或者仅是"与父母和平共处"。想想看，"不逃课"还可以转换成什么目标呢？或者有哪些可能的做法呢？只是停止做某件事（这是一个消极的目标）并不有趣，它可能会让你情绪化。但是学习新东西却是令人兴奋的，并且有可能带来新的机会和希望。你只要想想第一节吉他课或驾驶课给你带来的新鲜感受，以及学会这些技能后会给你的生活增添多少可能性，你就能理解这种感觉了。

/ 分解目标 /

抽象的大目标需要分解成一些具体的小目标，才能保证教练流程的有效性，或者说才能让个案感到这个最终目标是清晰的，并且是可实现的。

在过去十年的实践过程中，我们找到了一套有效分解大目标的方法，因为这包含五个方面的关键问题，所以称其为"拆解五连问"。借助于这个"五连问"，结合"同心圆""思维导图"，还有"图解你的对话"等工具，就比较容易引导你的个案确立目标，使"梦想成真"的教练流程顺利开展。

/ 使用"拆解五连问"的好处 /

对于很多有经验的焦点解决教练来说，也许并不需要借助这个"五连问"也可以帮助个案确立合适的目标。但是对于新手教练来说，由于经验较少，他们需要经过大量的培训和实践才能快速提出最有效的开放式问题。焦点解决的方法虽然简单，使用起来却并不容易，容易陷入很多误区，这五个结构化的开放性问题可以让教练帮助个案远离麻烦，尽快确认有效目标，确保后续约谈有实际效果。

"拆解五连问"虽然是一个有标准化结构的"五连问"，但是依然可以灵活运用，教练有足够的空间去发挥其创造性，问出最适合当下的好问题。即使经验不足，只要严格遵循这五个问题框架，也可以确保得到想要的效果。

使用"拆解五连问"有以下好处：

○ 可以快速让你和个案之间产生互动。

○ 始终让个案掌握主动权。

○ 能够对所期待的状况以及如何达成一起详尽地探讨。

○ 可以明确所有的子技能和子目标，包括那些显而易见的、非常容易实现的基本技能。

- 目标更加清晰和具体，实现目标变得更容易。
- 把探索资源（第6步）这一部分巧妙地融入使目标清晰这一步骤中，包括已经拥有的技能、才能、特质、经验以及其他有用的资源，都可以在这里被挖掘出来。
- 帮助个案意识到自己的能力和资源，以及他已经做到的事项，使他感到离目标更近了一些。
- 在展开"梦想成真"教练流程的一开始，就能激发个案的动机，帮助他建立自信。
- 更容易确定个案的特定目标。
- 由个案自己选择目标，尊重其自主权。
- 用"拆解五连问"跟个案对话，会给个案带来很多的能量，令其更加乐观。

/ "拆解五连问"详析 /

请年轻的个案逐一地诚实回答下面五个方面的问题。每个方面的问题都可能有不止一种问法。下面列举出了一些可供选择的例句，只需要找到一个适合个案当下情形的问法就好。

问题1：询问想要什么

例句：

- 你不想要这个（问题），那你想要什么呢？你想要的状况是什么样的？
- 想象一下，如果将来这个问题不存在了，会是什么样子呢？

只需在上述例句中选择一个问句向个案提出即可，请他把回答写出来。

问题2：从另外一个视角询问所期待状况的细节

例句：
- 一个达到这种状况的人有能力去做些什么／学些什么？
- 这个人运用了什么技能？
- 当你有了这样的能力／技能时，会如何行事？如何处理那个问题？
- 一个人需要学习什么本事或者拥有什么能力才能达到那个状况？

我们需要透过这一步的提问来创建一个尽可能详尽的清单，包括为实现想要的目标所必需的（子）技能、特质和才能。要特别提醒的是，你需要在这一步帮助个案把这个清单列得尽可能具体。例如：如果他想要的是"在课堂上集中注意力"，那么在技能清单上就可以写上"知道坐在哪个桌子旁"、"能安静地坐下来"、"能跟随老师的指示拿出指定书本，翻开书打开到指定那一页"，等等，这些都可以写下来。这个清单可以列得很长，最好包含8到15项内容。如果你的个案在谈话中卡住了，你想要帮他，可以用尊重的口吻征求他的意见："我也知道一项不错的内容！可以写下来吗？"如此可以尽可能多地帮助个案找出相关的子技能和子目标。因为这一部分的对话是发生在你们刚刚开始一起工作的时候，你的积极推动将有助于提升个案与你合作的信心。

问题 3：询问已经做到的事项和之前的成就

例句：

○ 清单中有哪些事情是你已经做得很好的了？

○ 这份清单中有哪些是你已经拥有的能力？

让个案在进展顺利的事项旁边画上一个笑脸符号。在适当的时机进一步询问他是怎么做到的，这可以让个案在尚未正式进入"梦想成真"教练流程之前就能有一些成就感，让他感受到你对他的欣赏和认可，从而提升自己的信心，增强内驱力。

问题 4：例外问题的变体

例句：

○ 清单上有哪些方面你有时能做到那么一点点呢？

○ 哪些事项你是有时候可以做到的？那是在什么时候？当时的情形是什么样的？

你可以让个案在这些事项旁边画半个笑脸符号（竖着截取一半），暗示着很快就会变成一个完整的笑脸了。

问题 5：询问年轻人自己的意愿

例句：

○ 你觉得清单上哪些事项做得还不够好？完善哪一项对你实现目标最有帮助？

让你的个案完全按照自己的意愿做出选择，这一点非常重要。即使个案的这个选择在你看来不太明智，也不太容易得到所处环境的支持，但他能这样自主决定总比受人强制要好。这样做既显示了你对他的尊重，同时也向他传递了你对他的信心，相信他在努力中会一步步实现他的目标。而他为这个目标所付出的努力终将带动他在其他方面有所改变，这就是所谓的"蝴蝶效应"——巴西丛林的一只蝴蝶扇动一下翅膀，也许就能引发得克萨斯州的一场飓风。

一些小技巧

很多青少年不喜欢面对面跟咨询师、老师或长辈做交流。在跟青少年做"梦想成真"教练流程的约谈时，我喜欢事先准备一张大纸（活动挂图）和一些马克笔。我会请个案跟我一起站在活动挂图前，当两个人手里都拿着马克笔时，就有了一种平等对话、共同参与创作的感觉。这样可以让和个案之间的对话多了一份轻松自在。

"拆解五连问"的唯一缺憾是它非常依赖个案的语言理解能力和表达能力，如果个案缺乏一定的基本语言技能，就需要教练提供更多的帮助。

个案对一些具有挑战性的问题在挖空心思地想怎么答复时，你需要克服自己想要一直讲话的冲动，设法用角色扮演的方式来激发情景互动。只要"假装"一会儿，你的年轻个案就可以比较轻松地呈现他想要展示的能力或行为，而你则可以大声替他说出他的所作所为。此时，你可以让他选择是否将每个答案写在活动挂图上。如果写字有困难，用图画表达也是一个很好的解决方案：可以把图片贴在磁板上，也可以让他画出自己的个性符号，甚至可以从杂志上剪下插图做一个"情绪板"(Moodboard)。作为教练，你要大胆相信个案的能力，充分挖掘他的潜力。我经常发现，年轻人很了不起，他们能够富有幽默感地快速画出他们想要表达的东西。他们中的一些人能够以自己的生活故事为原型自编自导一些特别精彩有趣的小电影。

如果个案对使用活动挂图有困难，那么你在征得他的许可后，可以由你代笔帮助他写下你们的谈话内容。

借助"五连问"，你和个案对他想要的未来状况进行了彻底的剖析，明确了下一步需要努力达成的第一个具体目标。此时，他应该已经准备好进入"梦想成真"教练流程的第二步了，即探索目标的好处。

事实上，在上述如何确定清单内容中，我们已经就"可能带来的好处"做过大量的讨论了。记住，所选择的目标既要小到可以实现，又要有足够的挑战性，让个案觉得他必须为之努力。设定这样的小目标可以大大提高个案成功实现最终目标的机会，而完成小目标又能大大提升个案的自信心，更何况达成这样的小目标比取得"巨大的飞跃"要更容易，也更快。

第2步：好处

当个案下定决心想要解决他所面临的问题时，他就会愿意为之付出努力，并愿意跟你合作。你们要做的第一步，是一起确定解决问题的目标。如果这一步成功了，个案就踏上了"解决之道"。他意识到自己应该采取行动了，同时也准备好开始行动了。然而，通常也正是在这一时刻，他在内心会开始质疑："我真的想这么做吗？这是唯一的解决办法吗？这是我现在唯一的目标吗？什么是我最该做的事？我应该怎么选择？要是我还不确定这个选择会带来什么样的后果，我怎么能做这个决定呢？"

/ 消解不安全感 /

尽管这些都是完全正常的质疑，但不幸的是，这些质疑往往会削弱此前好不容易刚刚被唤醒的游移不定的改变动机。此刻，最好且最合理的推进方式是仔细梳理一下实现这个目标所能带来的好处。

全面梳理所有可能的好处，坚定个案的动机，同时也打消了他在一开始可能出现的任何疑虑和不确定感。

/ 强化动机 /

通过这样的梳理还会让目标变得更加清晰和精准。在这个过程中，个案也可以重新确定目标，或者将此前设定的目标加以完善。

激发动机的五大要素告诉我们：所追求的目标一定是让个案感到足够有趣和有吸引力的，能够给他的生活带来积极的影响。这一点至关重要。从根本上来说，这意味着个案必须十分清楚实现预期目标的好处，即这个目标给自己以及生命中重要他人带来的好处。

很显然，个案一定会选择一个能够带来好处的目标，否则，这个目标也不可能出现在他的目标清单中。尽管如此，很多个案在这一步可能还没有足够清楚都有哪些好处。最好的做法，不是只"想一想"，而是去跟其他人展开讨论。好处的清单越长，实现目标的动机就越强。换句话说：看到的好处越多，目标就越令人向往。

《"梦想成真"自我教练手册》在这一步上花了很多的心思。为此所列出的问题简单而明确，几乎不需要做更多的解释。我们可以问以下问题：

"是什么让你觉得这是一个值得去努力的目标？"

"为什么这个目标对你这么重要？"

"你觉得达成这个目标对你有什么明显的好处？对其他人有什么好处？"

"这个目标到头来能够给你带来什么更多的东西？"

你可以让个案定期回顾这些问题，以强化目标的吸引力，提升个案的动机。随着教练流程的开展，他会发现更多的好处，这种感受令人非常愉快，同时这些好处反过来又坚定了他实现目标的意愿。

第四章

建立信心和自信

激发动机的前两个要素可以总结为两句话:"这是我的目标"和"这个目标对我有价值",而"梦想成真"教练流程的前两步(第1步:目标;第2步:好处)正是运用这两点来激发个案的动机。

"梦想成真"教练流程的第3、4和7步,运用的是激发动机的第三个要素,为的是增强个案对自身能力和潜力的信心。为此,需要挖掘个案各种可能的内在及外在资源。你要做的就是帮助个案意识到他已经拥有的每一项资源。在"梦想成真"教练流程接下来的步骤里,你会帮助个案逐渐增加新的资源。

在第3步"支持者"这一步里,个案身边的重要他人都要被你邀请来为个案提供积极的支持。第4步则是请你的个案为自己选择一个能够为他赋能的视觉符号、标识或图标,来代表他选择的目标,他每每看到就会充满希望或心情愉悦。毕竟,即使是最好的支持者也不可能做到一周7天、一天24小时地全天候待命。因此,这样的一个"代表物"能够让个案在没有支持者在场的情况下依然感到有力量去完成所承诺的任务。

第7步"测评"整合了前面的几个步骤,可以帮助个案提高洞察力,再次强化动机。之后个案可以将这些洞见有意识地施用在未来的实际生活中,让它们变成可重复的资源。

第3步:支持者

在为未来的目标而努力的过程中,年轻人会经历各种各样的挑战。对他们而言,这可能是一个孤军奋战的过程,有时会深陷情绪的谷底。承认自己有做不到的事情和需要学习的东西，会让他们直面自己的无能和无力感。而这些感觉通常很难与他人分享，因为它们往往会引发更复杂的感觉：羞耻感和内疚感。如果在这时候能够得到更多的陪伴和支持，对于年轻的个案而言，不只是"感觉不错"，实际上是超级重要的。在开展"梦想成真"教练流程的过程中，这样的支持是必不可少的！邀请"支持者"这一步，就是为了让年轻人更容易接受他人的帮助。我们需要建立一个牢固的支持系统，帮助他完成艰巨的任务，成功实现自己所设定的目标。众所周知的格言警句，比如"没有人是一座孤岛"，"三个臭皮匠胜过一个诸葛亮"在这里被完美地阐释。

/ 支持者的重要性 /

在追求个性及自我发展，走向独立和成熟的过程中，青少年常常有一种"我可以自己处理"的心态。

这种心态，这种对独立的渴望，被在青春期时常出现的孤独感所强化。这是一个特殊的生命阶段，持续时间或长或短，因人而异。很显然，这种"我只能靠自己"的想法是一种深藏在内心底层的限制性信念。这种紧缩的心态通常会让一个人难以与他人建立温暖的联结，无法信任他人，拒绝寻求帮助，更别说接受帮助了。不幸的是，这种心态又会让人在遭遇困境时感到更加孤独无助。

为了避免这样的负面影响，在"梦想成真"教练流程中设计了这样的一步，敦促年轻的个案采取行动，为自己创建一个稳健的支持系统。这样一个坚实的支持系统，可以在他遇到困难的时候为其提供帮助，并在整个流程执行过程中，持续地为他赋能。

此外，"梦想成真"教练流程本身的目标之一就是帮助年轻人融入支持性的社会结构中，确保其完成重新社会化的过程。这个流程可以帮助你的年轻个案探索和发展他的社交技能，也帮助他修复曾经破损的人际关系。

/ 谁有资格成为支持者？/

只要在"梦想成真"教练流程中能为你的年轻个案提供支持和予以鼓励的任何人或任何事物都有资格成为潜在的"支持者"。这可以是家人、朋友、老师、教练，以及生活中的重要他人，但是宠物、大自然，甚至已故的亲人或曾经拥有的宠物，也都可以起到作为支持者的作用。

大多数情况下，没有人能够只靠自己就取得成功。人在朝向目标奋进的某个节点上可能会需要别人的支持、鼓励和欣赏。有些人需要多一些，有些人少一些，但这种积极的人际关系和与他人的联结却是所有人的基本需求。"梦想成真"教练流程的设计理念就是遵循人的这种内在需求，鼓励年轻个案为自己请到支持者，在实现目标的过程中助自己一臂之力。

寻求帮助听起来很容易，但并不是一个能自动发生的事。为了让尽可能多的人愿意成为支持者，并充分利用这些支持资源，你需要帮助年轻的个案采取一系列具体的措施。

首先需要考虑的是，哪些人可以来做支持者，以及他们如何具体地为他提供支持。那些支持者必须非常清楚地了解个案的期待，否则他们有时会对项目或个案产生负面影响，最终导致项目失败。此外，如果某个支持者事先既没有想过要怎么给予支持，也没有就此达成任何协议，那么，他的支持很可能就只是口头上的承诺，而在最需要的时候无法兑现。

来自诊所的一个案例研究：杰弗里

杰弗里是一个13岁的男孩，在看过校医后，转诊来见教练。杰弗里正在上8年级，很快就要上高一了。这位校医对杰弗里的肥胖现状表示担忧。她建议杰弗里去找教练谈谈，说一说他自己对于眼下的状况有什么想法，可以做些什么，以避免一些潜在的健康风险。

谈话进行了几分钟后，杰弗里就表达了对自己体重的不满。他说，他也非常渴望能有一些改变。据他自己说，此前已经做过几次尝试了，有两次甚至成功地减轻了一些体重，只是后来恢复正常饮食时，体重又反弹了。

教练："那两次你是怎么成功减重的？"

杰弗里："我制定了一个星期的饮食计划，还跟妈妈一起去商店买菜。这样我就可以选我喜欢的也适合减肥的食物了，像大量的新鲜蔬菜和瘦肉什么的。"

教练："噢，你那时候自己准备食物啊，还和你妈妈一起去采购，真是太好了。我很好奇，你妈妈是在哪些方面支持你的减重计划的？"

杰弗里："嗯，我觉得她没有真的支持我。"

教练："为什么这么说？我以为你和她一起去买东西，她就是在支持你呢。"

杰弗里:"嗯,也许一开始是这样的。可是后来,过了一段时间,她就不想让我再跟她一起去买菜了,于是最后,坚持健康饮食就变得非常困难,我又开始和之前一样吃东西,体重就又增加了。"

教练:"明白了。这真是遗憾,杰弗里。我觉得你已经尽力了。如果能再试一次,你认为哪些地方可以改一改呢?"

杰弗里:"我觉得最好有人跟我妈妈谈谈,让她多些理解。"

教练:"这样啊。你觉得她需要理解什么呢,杰弗里?"

杰弗里:"嗯,比如我的感受,像同学们取笑我、不理我的时候,我是什么感受。我也想让她知道,我是知道减肥的食物都比较贵的,对此给家里增加了支出负担。也许还有其他的既便宜又适合我的一些食物。我的意思是,她很担心,她怕满足不了我对减肥食物的要求。"

教练:"是的,我认为你说得对,杰弗里。你需要更多更好的支持,你的妈妈也需要一些支持。这是一个很大的目标,但它肯定是可以实现的,特别是你有了这么强的动机,也知道自己需要付出努力。如果你想再试一试,你想要什么样的支持呢?你觉得还有哪些人可能会很好地支持你,也能让你的妈妈成为一个好的支持者呢?"

杰弗里:"我想我至少还需要几个支持者。我需要一个了解健康饮食的支持者,可能还需要一个精打细算、懂得哪里有平替减肥食物的支持者。我个人希望能有一个支持者,我可以跟他谈谈我自己,等等。当然,我可能还需要一个支持者,他能和我一起参与一些健康的活动,比如一起运动。我很喜欢游泳,但一个人游泳不太好玩。"

教练："哇！杰弗里，你的这些想法真棒！好的，让我们来看看我们都有哪些选择。"

由此可见，一支能够提供多样化帮助的支持者团队非常重要，因为每个支持者的能力以及所能提供的帮助不尽相同。很显然，支持者群体越多样化，个案在执行"梦想成真"项目过程中可以支配的外部资源就越多。

邀请不同年龄段的、有着不同生活经历的人加入支持者团体，会极大地丰富可利用的资源。通过帮助你的个案找到尽可能多的支持者，之前一些模糊的选择对象会变得逐渐清晰起来，并有可能开启一些新的探索。

支持者的任务范围很广，包括道义上的支持和实际上的支持：对个案的努力和成就予以鼓励、认可和赞赏，留意到他取得的点滴进步和成功，愿意用头脑风暴的方法提供一些有用的建议和想法，帮助他修复某些人际关系或受损的声誉。显然，支持者会带来很多的帮助。

在竞技体育的世界里，所有的体育明星都有自己的支持者，这似乎是一件天经地义的事。你能想象一个足球俱乐部没有一大群球迷来观看比赛，跟队员们一起庆祝进球吗？教练，球迷，啦啦队，俱乐部管理人员，财务人员，医务保健人员，后勤保障服务人员，整理草坪的，打扫更衣室的，保养运动器材的，哪个都不能少。所有这些人，都是保证比赛顺利的一分子。缺少任何一方面的支持，比赛的比绩都会下降。

对于"梦想成真"项目来说也是一样，支持者必不可少。如果组织得好，这将会是一次互惠互利的体验：个案得到足够的支持和鼓励，取得更多的进步；而支持者，作为家人朋友，不仅能跟个案一起分享其成功的喜悦，当个案为自己的成功感谢支持者的付出和帮助时，支持者也会发现自己的价值，感到自己的付出是值得的。通过这种方式，个案与支持者之间才会真正形成双赢的互助关系。

作为一名教练，你的一项重要任务就是协助个案与这个庞大的多样化的"支持者俱乐部"进行合作。你需要投入一定的精力和时间确保这一步流程的有效性。有时（这是时常发生的）在项目流程刚开始的时候，年轻的个案会反对这一做法，因为他"看不到招募支持者的任何意义"。邀请支持者的建议通常会让他有种羞耻感，或者感到自尊心受损，因为这等于间接承认自己是有问题的。此时，不要强迫个案采取这一步，而是要尊重他们的感受，小心行事。最好是顺其自然，耐心等待机会的出现，在项目流程进行的过程中，看到有机会的时候再提出这一步，甚至可以等到第一个小目标达成的时候再考虑这一步。

根据项目流程的进展情况在个案需要的时刻采取这一步是一种很常见的做法。这也是我们先前提到的"非时序性"的灵活做法，即基于个案需求为个案量身定制，是"梦想成真"流程中所谓"站在个案的身后领先一步"的教练方法。

在项目进展过程中对支持者的作用做定期评估也是有意义的。密切关注支持者所发挥的作用，定期查看他们对个案项目流程的积极贡献，是非常有益的做法。最初选择的支持者在项目执行的后期仍然在起作用吗？支持者有没有在做他们最初承诺去做的事？你的个案对于这些支持有什么样的体验？与支持者最初商定的协议，在项目执行过程中是否应该进行修订和调整？关于支持者以及他们对个案实现其目标带来的影响，这些是每次约谈都需要讨论的。

以下是对支持者做评估的相关问题："你和你的支持者相处得怎么样？""你是怎么和他们保持联系的？""你的支持者在你的项目中起到多大作用？你从他们那里得到了什么样的支持？""你对所得到的支持有什么体验？""在项目开始的时候，你和你的支持者达成了协议，现在是否有必要重新审视一下这些协议，并做出一些调整呢？你的支持者如何才能对你更有帮助呢？"

/ 邀请支持者 /

一般来说，你的个案自己会指出哪些人是他认为合适的支持者。作为他的教练，你可以帮助他进一步找出可能的候选人，以及分析他们所起到的具体作用。你的任务是从不同的角度提出问题，《"梦想成真"自我教练手册》上提供了一些有关范例。这些问题有助于个案选出谁更适合做自己的支持者，以及如何请这些人做自己的支持者。此外，你要详细地询问你的个案，他希望从每个支持者那里得到什么样的特别支持。

接下去最好能够让你的个案跟他的候选支持者进行一次单独会面，并争取在会面时获得这个人的支持承诺。你的个案可以告诉他希望从他那里获得怎样的特别支持。

这样的会面会产生一种合作的感觉，个案和支持者在这个过程中都扮演着同等重要的角色。

如果你的个案无法亲自前去邀请支持者，一个可行的办法是写一封信，由他自己写，或者你跟他一起来写。当然，如今通过社交媒体——电子邮件、微信、QQ或任何当前流行的社交软件来邀请那个可能的支持者也是完全没问题的。需要提醒个案格外留意的是，使用这类社交媒体时，他的信息应该只对相关个人可见，而不能被随意公开。

为了说明这一步，请阅读更多关于乔希的故事，以及他的"梦想成真"项目是如何进行的。

来自诊所的一个案例研究：乔希（这次没有玛莎）的后续故事

乔希来与教练会面，这一次他是独自来的。今天的议题是建立一个支持者网络。虽然我（卡罗琳）在早些时候的一次会面时向他提出过这件事，但他很清楚地表示，还不想邀请支持者来帮助他。在继续谈论这个话题的时候，乔希最终承认这件事让他感到相当没面子，因为让那些支持者知道他有问题，对他来说就像是让别人知道了他有弱点，他觉得是一种耻辱。

这次会面时，我问他能不能想出一种邀请支持者的方式，而不必提及他的问题。乔希开始思考这个问题。然后，他突然笑了起来。

乔希："我真傻！当然可以。我只要告诉他们我想学点新东西。"

教练："没错，乔希！满分！好的，接下去怎么办？"

他咧着嘴笑了，开始说出所有他想邀请的人的名字。令我惊讶也备感欣慰的是，在这个越拉越长的名单上他添了两个有趣的名字：妹妹玛莎和已故的父亲。乔希解释说，虽然他总是找玛莎的麻烦，但是让她作为支持者，仍然是一个明智的选择。

乔希:"她真的很聪明!"提到父亲的时候,他稍有些沉默,然后说:"他真的挺像是一个支持者的,我是说,当我想到他的时候……"教练:"你经常想他吗?"乔希:"是的,我经常想他。"教练:"假如你现在有机会问你爸爸,是否愿意做你的支持者,你觉得他会怎么说或怎么做?"乔希:"哦,那很简单——他会马上说'好'。你知道吗,他还会拍拍我的肩膀。我们谈话时他总是这样。"教练:"真的吗?乔希,你能想象他现在就这么做吗?我是说,他现在会拍你的肩膀吗?"乔希:"我甚至不需要去想象,现在我就是这么觉得的。"教练:"太棒了,乔希!我看到你们有很强的联结!"乔希点点头,他情绪激动地说:"你知道吗……他是任何人都想要的最好的支持者。过去是,将来也永远是!"教练:"哇!这么说,你的爸爸仍然是你最好的支持者。这真的是太棒了!他怎么支持你呢?我的意思是,你觉得怎样他才能对你现在有帮助呢?你能给我解释一下吗?"

乔希:"嗯……我只要想想他,就知道他会怎么说。现在我仿佛就能听见他在跟我说话。你知道吗,有时候我真的觉得他也在这里……"

教练:"太美好了,乔希!我都不知道说什么好。你能跟我多说一些吗?你感觉他现在在什么地方?"乔希指了指他右肩附近和后面的一点:"大概在这里。"教练:"感到他离你这么近,你有什么感觉?"乔希:"你说的是什么意思?"教练:"你能描述一下你此时的感受吗?你是怎么知道的?我很好奇。"乔希:"我感觉……很温暖,感觉就像有一个朋友在这里,一个始终陪在我身边的人。"

我不再追问，让沉默发挥它的作用。乔希也一样，什么都没说，就这样过了好一阵子。我们在充分体会这个深刻觉察的奇妙之处。乔希独自沉浸在他与父亲近距离相处的想象中。今天，他有了一个新的发现，那个他一直思念着的已故的父亲不再是遥不可及的，而是作为他的支持者再次出现在他的人生中。

我虽然是治疗师、教练，同时也是一个普通人，我被这种温暖的感恩之情所滋养。我从心底里感谢这次言语碰撞所带来的意外礼物，以及我们在这个过程中一起体验到的丰富情感；我也充满好奇，为什么心灵深处的内在智慧，一旦被触动，人总能找到真实表达自己的方式！

/ **教练的角色** /

在招募支持者的过程中，教练的角色是多方面的。个案经常会要求他的教练作为他的一个支持者。诚然，每个教练都可以有自己的决定，是否接受这份诚挚的邀请。我个人的经验是，既做教练又做支持者，所付出的努力通常不用太多，但效果却很明显。个案通常会很珍惜他的教练因为职责所限在他身上所花费的额外时间。但是你们完全有可能通过协商找到一些方式，可以让你在约谈之外，就"梦想成真"项目相关的部分为个案提供一些额外的支持和帮助。

有很多方式可以让教练在约谈室以外支持自己的个案，除了传统的电子邮件，现在有很多的社交软件都可以用来作很好的支持手段。需要特别提醒的是，必须遵从当地法律法规的要求，并对当事人的隐私严格保密。事实上，一些传统的简单的做法，比如一张简单的明信片、一个简短的电话，甚至一次在走廊上聊天的机会，都可以让你的个案感受到来自你的支持，你们只要有一份语意清晰的约定即可。

对于很多年轻的个案，建立起自己的支持网络并不是一件轻松简单的事。招募支持者、赢回信任、修复受损的声誉，这些都需要时间。所以教练往往需要在项目刚刚开始的一段时间内扮演他的主要支持者。在此期间，教练还可以帮助个案不断扩充他的支持资源。

教练最重要的任务是什么？史蒂夫·德·沙泽尔和伊冯·多兰在2007年出版的《超越奇迹：焦点解决短期治疗的最佳状态》一书中曾经用一个精心挑选的词语做了概述，那就是"保持空间"（holding space）。

"保持空间"是一种全然的临在状态。作为教练，要完全跟随个案所参与的过程。虽然这个过程主要发生在个案的内在，但也发生在你和个案的互动之间。乍一看，这个表达可能有点模糊不清，但事实上并非如此。专注于当下、观察、协调和沟通，是焦点解决方法的教练所需要的特质和技巧。当你保持全然的临在状态时，解决方案几乎会自动浮现；你不需要提前设计问题，只需用心留意所有可用的信息（包括非语言信息），并立即加以利用；跟随当下的状态而充满好奇地灵活发问。这种"流动"是如此之美妙，有时就像魔法一样。不过，这个魔法的发生却是基于一个务实的过程：留心观察所发生的，抓住那一刻所呈现的信息，带着好奇心去审视它，看看可以如何加以使用它。

更好的做法也许是，请你的个案去观察当下所呈现的一切，仔细而好奇地审视它们，让他自己去发现如何利用它们来为自己服务！就是这么简单！

第4步：象征符号

自从地球上有了人类，这个世界就充满了象征表达——符号或标志。你可以在任何一个地方、任何一种文化中找到它们——从史前的洞穴壁画，到现代城市艺术家在混凝土墙上的涂鸦，大多数人会看到这些象征标志或符号，却从来没有去仔细地思考它们。事实上，这些标志或符号对人们的思想和行为有着巨大的影响。当代的市场营销就是一个完美的范例，广告商们有意识地设计了一些符号或标志来巧妙地影响消费者的购买模式。这些象征表达是一种交流方式，它对人们的影响远远超出符号或标志本身。

想一想商店里播放的那些精心选择的能够引发消费者购买欲的背景音乐……或者，在刚刚做完常规保养的汽车里面闻到的那种让你立刻想到"新车"的喷雾的味道……再或者，那些潜在的购房者看房时，房间里飘出令人愉悦的烘焙甜品或新鲜冲泡的咖啡的香喷喷味道……

一段音乐、一种气味、一幅画、一段视频、一个图片、一个标识或符号，都属于某种标志。在上述例子中，这些象征表达的使用均带有某种操控的意味，目的是在潜意识层面去影响人们。然而，生活中也不乏以正向、积极的方式使用象征表达的例子。

在"梦想成真"项目流程中，象征表达的标志或符号就被用来作为强有力的支持方式，帮助年轻人完美地蜕变。

/ 援助之手 /

大多数人的生活空间里充满着许多美好而有意义的事物，即使你并不总是能察觉到它们的存在。爱孩子的老人家里会留出一个特别的空间，摆满儿女、孙辈孩子甚至曾孙辈孩子的照片；迷恋迪斯尼卡通公主的女孩子们，会收集大量迪斯尼卡通的海报、图片和周边，当然，还有相关视频。很多年轻人会追逐潮流，在自己的身上文上各种图案。

把象征符号作为情感、心理和精神价值的视觉表达，为其赋予特殊的意义，是非常人性的做法。象征符号是人们日常生活的一部分，其功能不可低估。对一些人来说，某个象征符号就是他们的精神寄托。对另外一些人来说，那个特定的象征符号赋予了他们生命的意义。更有一些人，象征符号承载了他们强大的归属感，令他们感到自己不再"只是"普通的上班族。这可能就是很多人会在他们的房间或花园里摆放佛像的原因，尽管他们不信教，也不是佛教徒。这些象征符号指明并引领了他们的人生方向。

在"梦想成真"项目流程进行过程中，如何利用这一点来推动青少年持续进步呢？如何确保青少年哪怕支持者不在场的情况下依然有可利用的支持资源呢？显然，善用象征符号就可以做到，每天24小时、每周7天不间断地予以支持。

在这一步里，你可以让青少年为他所追求的目标选择一个象征符号。他可以选择一个偶像或者一个什么物品来代表自己的目标，并将其用一种看得见、摸得着的方式呈现出来。这个象征符号仿佛将一个遥远而抽象的目标变成了一个此刻近在眼前的现实存在。这个象征符号作为一种力量代表，透过定期与它的直接接触，青少年得到支持，自己的动机获得强化。

如今的年轻人比以往任何时候都更习惯于利用视觉化效果来表达自己，通过拍摄一段简短的视频并在线播放就可以与他人进行视觉和听觉的交流，这已成为他们日常生活的一部分。正因为这是他们生活中重要而不可或缺的部分，所以有充分的理由在"梦想成真"项目中引入符号象征，以作为一个有效的资源。

作为教练，你可以选择一个适当的时机问出这个问题："有什么人、照片、文字、曲调，或者任何你能想到的东西，可以用来作为一个象征符号代表你想要实现的目标？在你看到它、摸到它或想到它的时候，你就会联想起这个目标，而且能带给你力量……"

这个东西完全由青少年自己决定，无论是什么，只要他觉得能够代表他自己的目标或这个项目就可以。能够最有效地给予他们支持的"象征符号"是那种可以随身携带的东西，比如可以放在口袋里、戴在脖子上或手腕上、挂在衣服上或智能手机上的东西。

/ 象征符号：承诺的象征 /

无论你的年轻个案选择的象征符号是什么，这都没有问题，只要它能够对他实现目标起到提醒和予以持续的积极支持的作用。

除此之外，所选择的符号还有更多的功能，它可以代表当事人愿意为目标付出努力的承诺。有时候，这个符号所具有的抽象功能，或者说隐藏在符号背后更深的寓意，需要一些觉察才能得以发现。你可以请你的个案去思考："为什么你会用这个象征符号代表你的目标？它是怎么反映出你对达成目标的承诺的？"如果你的个案愿意为此做出思考，用这样的问题就可以开启新的对话大门。

来自诊所的一个案例研究：彼得

因为长时间的抑郁，彼得一直在寻求治疗师的帮助。在过去的六个月里，他一直在努力克服各种各样的恐惧。三年了，这些恐惧慢慢地侵蚀着他，使他越来越远离社会，以至于他再也无法以健康的方式生活。他曾经参加了一年的团体治疗项目，似乎并没有什么改善。现在，他来到我（卡罗琳）的诊所，希望用焦点解决的方法做更有针对性的治疗。彼得想克服自己的恐惧，他决定早上起床后到街上散一小会儿步。治疗到了这一步，我和彼得开始讨论他的象征符号，他选择了一幅漂亮的正在游泳的老虎图片。

教练："嗯，你选择了一个正在游泳的老虎作为你的象征符号。彼得，你已经决定了要如何朝着你的目标去努力。你能告诉我吗，你是如何觉得这只游泳的老虎可以代表你为实现目标而努力的决心，以及你对最终克服恐惧的承诺的？"

彼得："这只游泳的老虎既强大又无畏，它独自前行，我觉得，它就是我，那个没有任何恐惧的我。这只老虎还代表着放松和安全感，它会让我相信事情最终都会好起来。你知道吗，老虎只有在独处并感到非常安全的时候才会游泳,因为那是它比较脆弱的时候。"

教练:"这是个非常有意思的洞见!彼得,它怎么能帮助你以及你的'梦想成真'项目顺利进行呢?你能再给我解释一下吗?"

彼得:"当然可以。我的意思是说,我自己有时很难相信别人,对所处的状况也非常容易担心。我虽然不介意一个人待着,也不介意为了达到我的目标而做一些必要的努力,因为我已经下定决心要这样做了。但是我觉得我不需要那么警觉,我可以学着放松一些。如果你不愿意冒险,就不会有什么特别的成就。我想我自己不需要那么紧绷,更多地信任别人,再勇敢一些……也就是说,至少我愿意让人们靠近我,而不是一直自我孤立……早上起来打开窗帘,让阳光照进来……这就是这只游泳的老虎对我的意义。池塘被茂密的森林所环绕,看起来既可怕,又诱人。我想,我自己也应该像老虎在池塘里自由自在地游泳一样,走出家门。"

教练:"彼得,我毫不怀疑你已经为你和你的项目选择了正确的象征符号。你对自己状况的这些深刻的见解,以及你愿意为此做出的改变,让我对你只有深深地敬佩和赞赏。你想得这么周全,真是不可思议。我相信这只游泳的老虎一定会在很多方面支持到你。"

彼得:"你知道吗,我一直在想……也许我可以把这只老虎纹在身上,这样它就能一直跟着我了。"

教练:"彼得,说实话,我不是一个喜欢文身的人。我看到身边的一些人有一些奇怪的文身,总是会想,这些人在 20 或 30 年后会是什么样子…… 我一直搞不懂他们为什么要文身,今天你给了我一个最好的理由。"

彼得:"是的,嗯……谢谢你这么说!不过,现在我还不敢文身。但谁知道呢,也许哪一天我就敢去文了。"

在大多数情况下,对于象征符号的选择总是更多地与实际目标相关。并不是所有的个案都有一定的能力来诠释他们的选择。有些人不太健谈,这也没什么。

还记得前面提到的那个喜欢烹饪的乔治吗?在他的案例中可以很明显地看到,深入探索所选择的象征符号是多么有意义。在恰当的时机问出恰当的问题,并对个案的想法表现出浓厚的兴趣,往往会帮助他发掘出关于动机来源的更深层次的内容。

事实上,不仅对青少年,对所有年龄段的人都一样:一旦他们为自己的问题及其解决方案承担起责任,就会变得主动积极。教练只是起到引领作用,也就是所谓的"站在身后一步引领"。有了强有力的支持系统和一个精心选择的象征符号,个案在自主动机的推动下,就会努力让自己一直在正确的轨道上前行。

来自诊所的一个案例研究:乔治的后续故事。

让我们看看乔治的进展如何。

在选择象征符号这一环节,乔治是有优势的,因为他心里已经有了一个偶像:杰米·奥利弗。甚至在开始进行"梦想成真"项目之前,对乔治来说杰米就已经是一流烹饪大师的代表。

我好奇地请乔治谈谈他为什么这么喜欢杰米。乔治很快发现,他所描述的杰米的才能和品质在他自己的身上都能找到。乔治可能只是隐约地意识到自己的身上也有这些潜质，他很想进一步发掘并提高这些能力。事实上，乔治在潜意识里把所有这些他认为属于杰米的特质、技能和经验，都投射到了他自己的身上。

开始时，这一切只是乔治心底里的一个不敢确定的秘密梦想，他甚至不允许自己这样想。但渐渐地，随着谈话的深入，乔治开始接受了这个想法：这个梦想也许是可以实现的。他的未来也许不会像杰米·奥利弗那样的光芒四射，但是他觉得，只要采取一些必要的行动，比如经过一定的培训和实践，自己至少是有可能成为一名职业厨师的。接下来我们在好多次的见面时都在谈论杰米·奥利弗和他的人生经历。乔治敞开心扉，对杰米的钦佩溢于言表。有一次乔治在约谈时兴冲冲地提到，他刚刚听说这位著名的国际厨师正在为一个特别企划寻找15名青少年，这是一个商业活动，杰米愿意为那些勇于尝试的年轻人提供机会——在他的"十五岁餐厅"工作，对此乔治跃跃欲试。他被杰米富有社会责任感的企业家精神所打动。这让他开始思考、仔细审视自己的现状。他越来越清楚地意识到，那些一直占据在他的内心而又被他一直排斥的想法对他的意义。现在，他想做一些真正有意义的事情，来帮助社会上那些不那么幸运的人。

时间流逝，乔治成功地完成了他的"梦想成真"项目。经过两年的厨艺培训，如今快20岁的乔治拿着他的第一张文凭，去斯里兰卡工作了10个月。他在那里帮助一家慈善机构运营一所孤儿院；他和一群年轻人一起，尽其所能地改善住在那里的孩子们的生活条件。

他定期发布自己的视频日志（Vlog），在那里度过迄今为止最有意义的时光。他清楚地看到了贫困对于当地民众生活的影响。他写到，他现在更能理解为什么女性自己有时根本没有能力照顾和抚养孩子。

他的合同还有3个月就到期了，他就要结束旅行回家了。他说他已经报名参加下一阶段的厨艺培训了。他补充道："我真的很期待！"他还透露说，他非常渴望有更多这样的旅行："也许以后我可以把旅行和工作结合起来。我对好多其他的东西产生了兴趣。"

第5步：相信和自信

要相信，要对未来充满信心，要有一个积极的信念。要完成一项任务，并获得某种程度的成功，如果没有积极的预期，是不可能付出努力的。换句话说，如果你都不相信这件事，那么这件事就根本没有希望成功。对许多年轻人来说，他们的生活经历已经使他们失去了信心，因此设计这一步的目的就是帮助他们重建信心，相信自己会有一个美好的未来。

/ 列出乐观的理由 /

至少安排一次专门的约谈来谈论信心这个话题。为了找出尽可能多的乐观的理由，你可以向个案提出这样一些问题：

"是什么让你相信，你可以实现这个目标？"
"是什么让你对自己有信心？"

如果个案不知道怎么回答——这种情况非常普遍，尤其是在刚开始的时候——那么这次的约谈，将为他打开一个新的通往自我探索的大门。毕竟，个案向教练寻求帮助的一个主要原因，就是感觉自己"卡在了什么地方"，陷在绝望的情绪中，无法靠自己找到出路。这也就是为什么，在对话刚开始的时候，教练会常常得到一连串"不知道！"的回复。

保持放松的心态，以温和、坚定的语气，耐心地询问，才能够与个案进行持续的交流。带着信任和好奇，提出一些好问题，可以帮助个案重拾对未来的乐观态度，比如"例外问题"，或者询问以前的成功经验，都能帮助个案走出困境，找到相应的解决方案。

下面的这些问题可以让你温和地把个案带往正确的轨道上。

"在哪些情况下，你的问题没有发生，或者至少问题没有那么严重？"

"你以前曾经解决过哪些问题？"

"你是怎么做到的？在那种情况下，是什么起了作用？"

"考虑到你以前的成功经验，你认为你现在需要做些什么就会让这次也能取得成功？"

"你以前解决问题的成功经验，这次怎么帮到你呢？你有什么理由让你对实现目标那么乐观呢？"

"如果问别人，为什么相信你能做到，他们会怎么回答？他们会给出哪些相信你的理由？"

"如果问你的父母/家人/兄弟/姐妹/叔叔/朋友/老师，他们会怎么说？"

"你还能想到别的什么理由吗？"

这些只是一些问题的范例，肯定能够引发个案的一些回应，可以帮助他从"不知道！"的困境中走出来。如果你觉得他给出的理由还不够多，不妨问问他是否需要帮助。不过，一定要避免立即给出你的建议。

"慢慢来。我知道我的问题可能很难回答，你需要花一些时间认真思考才好答复。我来帮帮你，怎么样？你愿意和我一起来探讨一下这些问题吗？"

如果此时个案愿意和你讨论，那么你可以接着说：

"我能看出来，你真的很想做到！你知道，要想真的有所改变，需要有强大的意志力，但这不是所有人都具有的，但你已经向我证明了，你下定了决心，而且非常坚定。"

也可以这样说：

"我知道你正在认真思考这个问题。这样很好。涉及重要的决定时，一定要认真仔细地想清楚。"

如果发现个案确实不知道该怎么回答这个问题，换一些用词或问法，或者换一个角度来问，也是非常有效的。也可以间接地询问，把问题细分。这么做就是为了列出一个尽可能长的理由清单，说明个案自己以及其他人相信他有能力实现目标。详细地询问个案有哪些品质、特长、技能和实际经验，与个案一起分析以前解决问题的成功经验，这对于个案建立自信尤其有帮助。事实上，在焦点解决治疗中，唯有在这种情形下，使用"分析的手法"非常有效。

最关键的一点是要挖掘所有可能的资源，帮助个案意识到这些资源，让他相信自己有实力实现目标。一个人首先要意识到自己拥有哪些资源，才有可能去运用它们。如此一来，你的个案不仅能够在你的陪伴下找到解决方案并实现目标，而且他还能学会如何独自地应对其他问题。

/ 什么才算是"好理由"？/

原则上讲，任何一个能够让你的个案相信他自己会实现目标的理由都是有用的，甚至个案的一句"因为我想要啊！"或者"我就是知道！"就能创造奇迹。事实上，只要能帮助个案保持积极的心态，所有可能的内部和外部资源（这一主题将在下一章步骤 6 中做更全面的探讨），都是可以接受的，都能够强化个案成功的信念，都是好的理由。

/ 为什么别人相信你会成功？/

当个案意识到别人相信自己，对自己有信心时，他们就会更乐观，积极性就会更高。身边的支持者和重要他人越相信个案，对个案越有信心，他们就越相信自己。很多情况下，这种来自周围环境的信任和信心是自然呈现的，点点滴滴地体现在人们的言语和行动中。但是因为有时这种信任和信心的呈现比较微妙和含蓄，不是那么显而易见的，可能并没有被当事人真正地感受到。如果你的个案还不确定自己是否被他人所信任，可以直接用这样一个问题帮助他确定：

"你认为，是什么让你的朋友和/或家人（你的支持者）相信你能够成功实现你的目标？"

这样直接发问可以启发个案做换位思考，站在别人的角度审视自己。他也可以主动就这个问题问问他的亲朋好友和支持者，从而跟他的周边世界展开积极的对话。这种正向的视角有助于化解从前那些未曾解决的冲突或旧有的痛苦。

对于某些人来说——不仅是参与"梦想成真"项目的年轻人——换位思考是一件很难的事，尤其是对孤独症谱系人群来说，这样做尤其困难。让他们回答"你觉得别人是如何看待你的"这样的问题，是完全不会有结果的。如果你遇到的是这样一类个案，可以忽略上面的这个问题，直接让他自己去询问身边的人为什么对他有信心就可以了。你可以让他自己去问，也可以让他拿着你帮他写好的信去问，甚至可以让他拿着一张包含所有相关问题的问卷去问。最重要的是，教练要保持灵活性和创造性，让个案尽可能地独立完成任务。

/ 赞美的力量 /

自信不是凭空产生的，是在岁月中发展出来并不断增强的。

一个人对自身素养和技能的信心源于足够多的积极体验。负面的体验会削弱一个人的自信，尤其是有过很多负面体验之后。对于缺乏自信的人来说，即使是一些正向的评价，也难让他们有良好的感受，更别说那些强烈的批评了，他的自信心会被完全地打压下去。

年轻人正处于一个特殊的年龄阶段，即这个年龄段的人正在找寻自己在这个世界上的位置，他们不得不面对"巨大的同伴压力"。"都有谁？没有谁？"这似乎是他们最关心的问题。他们习惯用批判的眼光去审视自己与周遭的关系。

我们当然要鼓励和称赞年轻人，以帮助他们对自己建立信心。但是，一味地鼓励和赞美并不能保证他们获得自信或拥有健康的自我形象，有时会起到反作用。那么，我们该怎么办呢？

作为一名教练，如何赞赏你的年轻个案，而不引发他内心的质疑？如何在恰当的时机给出不多不少的正向评价，而不产生不良反应呢？这些问题还真不容易回答。首先，你要自始至终地向你的个案表达"你为他的努力感到自豪"，但千万不要把他当作超人来"崇拜"，这就失去了称赞的可信度。年轻人极其敏感，他们很容易发现你的心口不一。

你要帮助他发现他生活中的积极因素，支持他用乐观的心态体验周边事物，去享受生活，培养自信。

赞美在教练过程中能起到很大的作用，尤其在使用得当的时候。那么，问题来了，什么是"好的"赞美？如何让赞美真正有效？

以"正确"的方式赞美别人，意味着在合适的时机要给予恰当的表扬（不要太夸张！）。赞美的言辞要基于具体的事实，有相关性，而且要真诚、发自内心。只有符合下面这些准则的赞美才有意义：

○ 合适的时机
○ 适量（不要太夸张！）
○ 具有相关性（基于事实）
○ 真诚（诚实）
○ 谨慎的措辞（非评判性的）

像这样，你的赞美才会有意义、有效果。在合适的时机，一句措辞得当的真心称赞，可以帮助个案更清楚地意识到，他在实现目标的过程中付出的所有努力是值得的。

符合以上准则的一句简单而直接的赞美能让个案感到被看见和被欣赏，他会更加积极向上！提升自信是必然的事。

《儿童技能教养法》一书中曾经提到过一个"三段式的赞美"，也被称为"三重赞美"，通过三个步骤来提升赞美的价值。它不仅仅是对个案表示欣赏，还能让个案回顾自己是如何成功地利用了资源的。"三重赞美"可以这样表达：

○ 欣赏和赞叹（哇！太棒了！）
○ 理解所执行任务的难度（那一定不容易！）
○ 表现出兴趣和好奇（你是怎么做到的），向他请教方法或做法（你能告诉我，你是怎么做到的？你能教教我吗？）
○ 再次肯定其做法，表示欣赏（真的不简单呢！）

赞美是焦点解决的重要方法之一。认可问题的存在，理解面临这些问题的个案的不容易，赞赏个案已经做得很好的那些事情，可以激励他继续向好。赞美可以强化人的正向行为，令他愿意接着做得更多更好。此外，赞美也会帮助你的个案换个视角，思考其他人会如何称赞他，这可以将他与咨询室以外的重要他人联结起来。

然而，最近的研究表明，赞美有时也会产生负面影响。例如，有些人会因为受到过多的赞扬而害怕失败，因为他们会希冀自己在下一次做得同样好。如此，即使你的赞美是出于善意，有时也会让当事人感到压力。

称赞一个人与生俱来的特质，比如你"很可爱""很漂亮""很帅"或者"很聪明"，等等，通常不是很有用，因为被赞美者自身对这些特质所能实施的影响很有限。因此，最好是称赞与他的努力相关的事情，称赞他已经做到的事情。这也体现了焦点解决方法中"有效的事多做一点"的原则。只有谨慎的、适度的赞美言辞才是明智的，才能将教练过程保持在焦点解决的轨道。

来自诊所的一个案例研究：卢克的"三重赞美"

卢克（17岁）刚刚做出了一个艰难的决定。他犹豫了很久之后，终于告诉老师，他16岁的妹妹劳拉最近开始和一个高年级男生约会，这个男生的名声不好，据说还参与了犯罪组织。卢克对待朋友以及他的妹妹，一般都是很忠诚、很维护的。但在这件事情上，他觉得有责任让老师知道。他确信劳拉不会想让他谈论这件事，他也不想让自己与妹妹的关系受到任何影响，但他觉得必须跟老师谈谈这件事。同时他也立马声称，他所说的这一切老师必须要绝对保密。

卢克很喜欢劳拉，他当然希望劳拉不会受到任何伤害，不论是她那个不慎结交的男友，还是他小心翼翼地与老师分享的秘密，都不要伤害到劳拉。一个多星期以来，这件事一直困扰着他。最后，他能想到的唯一解决办法就是和某个专业人士私下里谈谈。起初他也想先和劳拉说一声，但他又想到劳拉可能对男友的不法背景一无所知，就觉得还是不说为好，因为他不想吓到她。

罗宾斯老师全神贯注地听完了卢克的讲述，他相当震惊。他也非常关心劳拉，并对那个男孩的坏名声有所耳闻。卢克讲完后，罗宾斯老师先是表扬了他。

罗宾斯老师："卢克，谢谢你信任我，告诉我这些。这么做对你来说一定很不容易。很显然，你在来我这里之前一定想了很多。我能问一下吗，是什么让你最终决定来告诉我的？"

卢克："我敢肯定，劳拉并不知道那个男孩的真实情况，我不想吓到她。我的意思是，你了解她，知道她是什么样的人，我不希望她有什么不好的事情发生。"

罗宾斯老师："我很好奇，你是怎么做到的，能够这么清楚地权衡这件事的方方面面？"

卢克："嗯……如果劳拉出了什么事，我会很内疚。我想了好久，因为我不想仓促行事。我真的想彻底解决这件事。你知道吗？那个男孩甚至一直说她的坏话，这是我从一个朋友那里听来的，我那个朋友有时会和他一起骑自行车回家。我想我最好还是先和您谈谈，罗宾斯先生。毕竟，我们经常聊得很开心，不论是一起做运动的时候，还是在学校里，而且您也认识我妹妹。"

罗宾斯老师："是这样的，卢克……你想得真周到！很明显，你已经仔细地全面考虑了这件事。看你这样处理这件事，我觉得你既成熟又有责任感，我为你感到自豪。顺便说一下，如果我能和你妈妈谈谈，对了，还有劳拉，应该会很有帮助的。我敢说，尽管一开始劳拉可能会很难过，但是如果她知道哥哥这么关心她，她肯定会很高兴。你觉得怎么样？不管怎样，我为你感到骄傲，卢克！"

接下来，罗宾斯老师告诉卢克，他需要先跟他的妈妈讨论一下当前的情况。虽然卢克不是太喜欢这种做法，但也只好同意。罗宾斯老师拿起电话，拨打了卢克给他的号码。卢克的妈妈接起了电话。老师说明了他是谁，为什么打来电话。他解释道，他刚刚和她的儿子卢克进行了一次有意义的谈话。他告诉卢克的妈妈，卢克既成熟又负责任，"你应该为你的儿子感到骄傲，巴克斯特夫人。"他说。这些话消除了卢克妈妈最初接到电话时可能产生的疑惑。卢克正在电话旁边，他又一次听到——但这次是间接的——老师对他行为的赞赏和认可。

从这段小故事中可以看出，卢克在约谈结束的时候，已经清楚地知道了罗宾斯老师是多么认可他做出的决定；他也知道了自己身上的哪些品质令他做出了这个决定。老师提到了他的妹妹会正面看待他为她所做的这一切，这让卢克十分安心，他确信他与妹妹的关系不会由此受到影响。

间接赞美——无论是"透过他人的称赞"还是"闲话式的赞美"，都是非常有效的赞美年轻人的方式。利用年轻人能够"偷听"到的时机，向第三者称赞年轻人，是一个不错的技巧。直接当面赞美年轻人有时候不容易被年轻人接受。以这种迂回的方式，向年轻人生命中的重要他人表达赞许之意，更容易被年轻人所接受。这种巧妙的表达方式，还可以支持和增强那些对年轻人来说很重要的社会关系。

赞美是需要练习的。练习赞美别人也能给我们自身带来很多乐趣。"赠人玫瑰，手有余香！"慷慨称赞他人能够给别人带去快乐，也会让自己的内心溢满喜悦之情。赞美能够迅速拉近彼此的距离，建立友善而温暖的联结，也增加了自己被人赞美的可能性！经常练习如何赞美，会让我们把赞美运用得更加娴熟。

如前所述，要想确保赞美有效果必须满足许多条件，并需要精准地把握时机。年轻人对夸张的言辞和不真诚的奉承非常敏感，千万不要做过头。最好的做法是先谨慎地试探，观察对方对赞美的反应。"在跳进水里之前先把你的脚趾浸入水中"，这句话完美地说明了怎样才是最安全的做法！你会很快从这些尝试中了解到最适合每个人的赞美是什么样的。

有一个很好也很安全的赞美方式是，让对方感受到你对他是欣赏的，而不是予以直接或明确的赞美。这种婉转地表达赞赏和认可的方式是让对方自己去体会。这也是一种赋权的方式，令对方心里不由得生出自我肯定之情。我曾经从米尔顿·埃里克森的女儿贝蒂·爱丽丝·埃里克森那里听到过一个故事——一个巧妙的非直接赞美的例子，它诠释了表达夸赞是可以如何婉转的。这是一段她的儿子和她的父亲米尔顿·埃里克森的对话。

那时，埃里克森年事已高。一天，他坐在轮椅上，在院子里享受着阳光，看着孙子们玩耍。9岁的大卫从院子里拔出了一些自己种的胡萝卜。他对自己种出的胡萝卜非常满意，跑到埃里克森那里给了他一根，"看！爷爷，这是我种的！"埃里克森用他那只瘦削的手握住胡萝卜，默默地研究着。他把胡萝卜左瞅右瞅，然后说道："嗯，它是橘黄色的。"大卫很受鼓舞，补充道："是的，爷爷，是我种的！"埃里克森没有回应，继续盯着胡萝卜看："它非常直！""是的，爷爷。是我种的！"大卫越来越兴奋，一再重复道。"嗯，"埃里克森说，"它也很大。""是的，爷爷。是我让它长得这么大的！是我种的！"大卫一遍遍地重复道。

埃里克森对孙子的兴奋之情无动于衷，继续盯着手里的胡萝卜。过了一会儿，他说："我敢说，这根胡萝卜的味道一定很好。"大卫现在高兴极了，他欢快地跳上跳下，围着爷爷的轮椅转圈，并大声喊道："是我种的，爷爷！"

因为得不到爷爷进一步的回应，大卫失去了耐心，他从埃里克森手中夺过胡萝卜，跑去拔剩下的胡萝卜。他跑向房子的后门，碰到了他的妈妈。"看，妈妈，这些是我自己种的胡萝卜！爷爷说我种的是全世界最好的胡萝卜！"

埃里克森不动声色地说出他手中那根胡萝卜的一些具体特征，表达了对孙子种出这样的胡萝卜的欣赏，这反倒给了孩子用自己的语言进行自我赞美的机会。

试想，如果埃里克森简单地对大卫说："你种出了世界上最好的胡萝卜！"情况会有什么不同？想象一下，如果接下来的一根胡萝卜不是那么完美，大卫会有什么感觉？毕竟，每一根胡萝卜都是不一样的，并不是所有的胡萝卜都像他拿给祖父看的那根那么完美。如果下一根胡萝卜不是"那么大，那么直"，不是"颜色鲜亮的橙色"，大卫是不是就可能会觉得自己种的胡萝卜不够好了呢？会不会觉得自己很失败呢？而这肯定不是祖父的本意！

这个故事中的赞美方式相当巧妙，给了被赞美者很大的空间，让他可以独立于赞美者的意见做出自己的解释，增强他的内在力量和独立感，为其赋能。

鉴于此，我们也许应该思考一下，如果经常用诸如"你真是一个聪明的孩子"之类的直接赞美称赞孩子，会不会有什么问题呢？

工具箱里的工具

如何提高赞美的有效性：
- 欣赏："我感觉到被欣赏。"
- 认可："我感觉到被看见了。"
- 好奇："我是值得的，这样做是值得的。"
- 真诚（非语言）："他说话实事求是。"
- 巧妙地邀请他做更多相同的事："我要更经常地做这件事。"
- 动机："这对我挺有帮助，所以我想要更多，我会做更多。"
- 鼓励："我能做到！"

- 清晰、详细："我很清楚我哪里做得好。"
- 激励自主性："我可以自己做，不需要任何帮助。"
- （最好）关注行为或过程："我是自己做到的。"
- 没有压力的："我也许……"
- 恰当的：不夸张，实事求是。

第 6 步：资源：乐观的理由

"梦想成真"项目流程的这一步特别关注的是个案已经拥有的内在资源。所谓的资源，是指任何可以用来帮助解决问题的东西。宽泛一点儿来说，资源就是指在积极寻求解决方案的过程中可加以利用的东西，包括性格特征、天赋、技能、知识、经验（积极的和消极的）、洞察力和直觉，所有这些都能对实现预期目标有所帮助。事实上，以前的消极体验也有可能成为一种资源，因为我们知道了哪些体验我们不再需要，我们已经从那次消极体验中吸取了教训。

/ 发现内在资源 /

现实情况是，人们在面对压力时往往很难想起这些宝贵的资源。资源就在那里，但是它们似乎被封存了起来，无法在那个当下获取。这些资源要么完全被遮蔽，要么是通过一个带着消极信念和感受的滤镜被呈现。尽管如此，它们仍然是至关重要的。想要获得理想的解决方案，需要好好地利用这些资源。它们为我们向目标迈进起到了必不可少的杠杆作用。

除了内在资源，如性格特征、天赋、技能、知识、经验、洞察力和直觉，当然还有外部资源。这些外部资源包括：朋友、家人、生活中的重要他人、其他人的宝贵经验、问题的例外状况、支持系统（导师、家庭教练、社会工作者，等等）和周围环境的支持因素（如社区中心、体育和娱乐设施、氛围等）。简单地说，所谓的外部资源，就是能够从外部获取的其他人或物的支持。这些在项目实施的过程中起到重要的作用。一般来说，当事人只能有限度地影响或调用他的外部资源，因此"梦想成真"项目关于资源的关注点主要放在内在资源的调用上。

很多的内在资源并不总是那么显而易见的。比如，某些特性或感受，乍看起来似乎是负面的或无用的，但从其他角度仔细审视，则有可能是一种有价值的资源。

一个来自学校的案例研究：

学生："我对在这个团体里再次发生这样的事真的很生气。这是我这周以来第三次对这件事感到这么生气了。"

老师："安娜贝利，看得出你在非常认真地对待这件事。我特别欣赏你的积极参与。我能感受到你对这件事的在意。你没有放弃，而是一直想要解决这件事。我希望每个人都像你一样积极参与，关心这个团体。"

在这个案例中，老师重构了学生的感知。虽然学生的气恼初看上去是一种消极的情绪，但是老师把她明显的厌烦之情转化成了一个有用的资源，即气恼背后有"积极参与"的热情。而"积极参与"是一种正向的品质。通过重构，老师帮助学生看到了她自己的潜在资源，发现了新的可能性。

与年轻人一起工作时，会发现他们普遍出现一种状况，即情绪的表达方式阻碍了其对内在资源的获取。我们会说，他们陷入了一种"固定心态"，激烈的情绪阻碍了他们的成长。因此，可以借助一些方法创建必要的空间帮助他们去学习和成长。密切关注并重构所观察到的，将有助于揭示行为背后的积极意图。此外，年轻人对事物的看法容易陷入非黑即白的二元对立，引入"差异化"视角——从"非黑即白"进到两者之间的灰色地带，对所感知的事物进行适当和成熟地重构，对于阻止和扭转情绪的浪潮很有帮助。

重构——以更积极的形式表达个案提供的信息——是教练工具包中的一个重要工具。不断地加以重构，可以对交流的基调以及关键信息产生积极的影响。

重构的各种形式包括：

1. 从消极到积极；

（你真无礼！→你敢于为自己站出来。）

2. 从无法改变的个性特征到与特定情境相关的品质；

（我真愚蠢！→我表现得很不明智。）

3. 从永久性到暂时性；

（我永远不会成功！→我只是还没成功。）

4. 从一个不能被影响的外部因素到一个可以被影响的外部因素；

（他总是给我找茬儿！→我好像总是撞在枪口上。）

5. 从抱怨到愿望；

（我对这件事真的很生气！→我希望这件事能够改变。）

/提升察觉力和自信心/

从前面的章节中可以清楚地看到,"梦想成真"教练流程中的所有步骤设计,都是为了增强和提升个案的自信。你的个案越有信心,他就越有动力朝着目标努力,最终实现目标。这就是为什么所有的步骤都主要聚焦于唤醒个案的自我察觉,看到自己的潜力、内外部资源、过往的成就、可能的好处,一幅清晰的所期待结果的画面随之呈现。所有这些资源都是已经存在的,只是尚未被看到,这是"梦想成真"项目得以进行的先决条件。这使得个案有可能产生掌控感。自我决定和自我掌控是最重要的,结果和过程都由个案自己决定。毕竟,只有个案最清楚他自己想要什么,以及拥有或能够获得哪些潜在资源支持自己实现目标。只是在项目刚刚启动的时候,他还无法完全意识到自己拥有这些潜在的资源。

由于"梦想成真"项目流程的步骤就是为了加速这种察觉的产生而设计的,随着流程的进展个案通常会发掘到越来越多的资源。从看到和辨识出这些潜在资源的那一刻起,伴随着越来越强的胜任感,这些潜在的资源就会被利用起来。随着胜任感的增强,个案的自信心也会提升:"我能行!我自己就能做到,虽然教练也稍微引导我一下。"

慢慢地,随着"梦想成真"项目的慢慢推进,一个正向的循环就一定会生成。

○ 思考并检视目标;

○ 查看当前的进展,分析之前取得的成就;

○ 寻找肯定的解释；
○ 认可自己并感受到胜任感；
○ 发展正向的态度和思维方式（成长型心态）；
○ 乐于合作；
○ 在解决问题的过程中产生许多创造性的想法；
○ 分析取得进步的原因；
○ 获得更多的认可、欣赏、感激……

觉察带来了洞察，洞察带来了一个关于成长和发展的视角，发展的视角滋养了自信、信心和希望。信心和希望是采取行动的根本动力。

第7步：测评

在焦点解决的方法中，最具特色也最为著名的干预，可能就是量表问题的使用了。

量表问题最初是史蒂夫·德·沙泽尔在20世纪70年代提出的，目的是让个案清楚地了解他自己的进步。此后，又发展出了很多不一样的有效版本。

量表问题是一个具备高度适用性、有效性、创造性的工具，是焦点解决治疗中一个高效的干预措施。无论你如何使用它，在何种情况下，量表问题都是一个可以帮助你达到目的或取得结果的强大的工具。使用量表问题可以很容易地让你对实现目标的进展情况有更清晰的认识。此外，在项目进行的初始阶段使用量表问题，可以方便地测量出起始点与所期望的目标之间的差距。实际上，你可以通过这个不同寻常的工具获得更多。

量表问题适用于各种各样的目的。在"梦想成真"项目开始阶段以及后期，重复使用量表问题（作为每次约谈的常规内容），可能是监测进展情况的一个有效方法。除此之外，你还可以变换量表问题关注的焦点。例如，测量有关动机水平的问题：

"从 0 到 10 打分，你觉得你实现这个目标的动机有多强？0 分表示你完全没有动机，10 分表示你已经迫不及待去工作了……"

在"梦想成真"项目实施过程中，在不同的情况下，可能会有一些不同的目标。因此，你可以在"梦想成真"项目的不同阶段经常使用这样的量表问题。

量表问题最常见的使用方式，是在实现预期目标的过程中监测进展。你可以在一张纸上简单地画一条直线来代表通往目标终点的路径，跟个案一起确定初始位置或当前位置（请参阅本章后面的图），可以充分发挥你的创造力提出不同的量表问题。是的，一支简单的笔和一张纸就可以了，你可以画一个楼梯、一艘火箭，或者一堵可以攀爬的攀岩墙来代表"量表"，隐喻这段通往目标的路径。

在针对儿童和青少年的辅导中，将量表问题与某种形式的身体活动结合起来会特别有效，也特别有趣。这是调动大家活跃起来的一个好方法！想象一下，把量尺画在地板上，用便利贴或彩色卡片写上数字来标记位置。市场上也有很多现成可用的量尺工具，上面用脚印、彩色圆圈或丝带什么的标注着从 0 到 10 的位置。使用什么样的量尺都没有关系，重要的是个案要完全明白，使用量表问题的目的不仅仅只是"给出一个分数，或者评级"，它是一个帮助他实现目标的方法。正因为如此，使用量表问题时，你不能只是让个案"给出一个分数"，而是要跟他谈论"目前他在哪里"，以及"他想要去哪里"。这个量尺代表了一条路径，一段通往某种命运的旅程。

你在地板上放一个量尺，邀请你的年轻个案跟你一起沿着量尺前行。需要注意的是，你站在个案身边就可能对他产生影响。你要小心自己站立的位置，有时你要刻意站在他身后一步，为了尊重他的"个人空间"。每个人对"人与人之间的距离"都有自己的需求。不要站得太近，也不要站得太远。

你的个案通常会比你年轻，如果你站得离他太近，可能会让他感到有压力；站得太远，又可能会失去宝贵的联结感。需要说明的是，关于"合适的个人空间"并没有标准。对于具体的某个个案来说，什么是"合适的个人空间"，需要你去观察和体会。

对你的个案来说，沿着量尺亲自走一走，还有一个额外的好处，即加强他的身体感知，切实感受哪里是他的正确位置。

将各种经典的焦点解决工具组合起来对具体的某个个案进行完整、有效的干预，对于教练来说是一个挑战，它需要教练的创造力、勇气和经验。正像老话说的那样，"熟能生巧"。你可能要花上一段时间才能掌握并得心应手地使用这些工具。你需要反复练习，找到适合自己的工具组合。

一个简单的量表问题可以是这样的："这是一个量表——这条从0分开始，到10分结束的线，代表一条通往实现目标的路径。如果0分表示你还没有开始，10分表示你已经达到了预期的目标。你现在觉得自己在哪里？"像这样的发问会给你带来有价值的信息。

如果你通过这个问题，跟你的个案一起成功地探索到了通往理想未来的道路，大多数情况下，个案会在这个过程中发现他真正的自主动机，他会有种完全的自主掌控意识，并与期望的目标建立起深刻的联结。作为教练，你的目标是能够透过奇迹问句帮助个案穿越到达成目标的那个时刻，探索到所有的层次（指迪尔茨和贝特森在 NLP 中描述的逻辑层次）。例如：

- 环境，外部因素

  你在哪里？今天天气怎么样？你穿着什么衣服？你遇到谁了？别人对你做何反应？他们能在你身上看到什么变化？我能在你身上看到什么变化？

- 行为

  你表现如何？你正在做着什么事情？

- 能力或胜任感

  你使用了什么技能？你的哪些个性特征成了你的优势？

- 价值观和信念

  你在想什么？你对此有什么观点？

- 身份

  在这种情况下你是谁？你扮演什么角色？

- 目标或信念

  如果有什么东西比你自己更重要，那是什么？它有什么伟大的意义？

○ 感受

最后，尽管这不属于迪尔茨和贝特森的逻辑思维层次，也要记得询问一下感受：你感觉如何？实现目标后你有什么感受？

当然，没有必要在每一次都一一问到所有这些问题。仔细倾听个案对奇迹问题的回答，你就会清楚地从中发现那些与他的进程相关的东西。当你密切关注个案的肢体语言时，你就会知道下一刻应该向哪里推进，或者哪里是他的"禁区"。时机是至关重要的。需要记住的是，评量的过程不能太长。一个经验丰富的教练会根据情况，以及个案专注的时长，来调节评量问题的复杂度和内容的多少。

在跟个案一起进行评量时，作为教练，你需要记住以下七个黄金法则：

1. 保持尊重。
2. 问题清晰明确。
3. 认真倾听并接纳个案的每一个答复。
4. 不带有任何先入为主的想法。
5. 寻找差异和细微的差别。
6. 多点儿耐心，忍住讲话的冲动，默数到20，再向下一步推进。
7. 最好用10—15分钟的时间自然地结束对话。倘若个案正处在很棒的心流状态，则可根据个案的状况来具体处理，而不要突然中断。

"梦想成真"项目流程的七大步骤、量表问题和奇迹问句本身都是强有力的干预手段。如果能够将它们组合起来使用，会起到更多的作用。想象一个年轻的个案，还没有形成令他自己足够满意的清晰的目标，或者还没有完全投入参与这个自我发展项目，在这种情况下，如果将量表问题、与资源相关的问题和奇迹问句组合在一起使用，可以帮助他在更深的层次上了解他自己的个人动机和期望的目标。将这些干预手段组合使用，经常会引发个案这样的感慨："我真不知道我自己是这么想要这些"，或者"直到现在我才明白我真正想要的是什么"。

经常会出现这样的一幕，在使用"奇迹问句"的"扩展版"让个案去探索和感受处于量尺上的 10 分位置时，个案长期压抑的泪水会不由得流淌出来。一般情况下，在此时无须进行深入讨论，此时此刻，作为教练，唯一正确的做法也许就是保持沉默，用心倾听。

体会到与目标如此之强烈的联结后，个案常常会闭着眼睛沉浸其中，需要好一会儿才能回到现实。这个奇迹问句的"扩展版"经常会引发一种催眠状态。此时教练温和的关注和细心的引导是非常重要的，用平静、柔和的声音来询问个案，他是否已经表达了所有想要诉说的话，然后请他做几次深呼吸，再睁开双眼（如果是闭着的），慢慢转动身体，就这样轻轻地把他带回到当下。这时候，你要仔细观察个案的反应，与此相关的更多信息将在稍后有关评量技术的章节中进行介绍。

使用量表问题的一个重要原因，是增强个案的自信心，相信自己有能力实现目标。当个案表现出缺乏信心的时候，你可以使用量表问题来帮助他："如果 0 分代表你完全没有信心，10 分代表你完全相信自己可以实现目标，那么你现在给自己打几分？"

当发现自己已经取得了很多的进步，并且还有更多的可能性时，不仅对青少年，对任何人来说，都能够大大提升自信心。这样的评量经常会给那些缺乏自信和低自尊、活在非黑即白的二元对立世界里的年轻人带来希望。自信心提升了，他就有了采取行动的积极性。反过来，如果一个人对任何事情都丧失了希望，变得毫不在意，他也就没有理由做出任何改变或采取任何行动了。

这里所介绍的量表问题就是一种有力的工具，有助于帮助当事人找到动机，采取具体的行动，从而使改变发生。

量表问题还可以用来帮助个案确定自己何时不再需要教练的时时跟进，也就是说，自己可以独立朝向目标前进了。教练不是一定要在个案 100% 实现目标的时候才放手。一旦个案感到自己能够独立朝着自己的目标努力，接下来教练就不必辅佐在侧了。这是支持个案独立自主的一种切合实际的做法。

/ 关注取得的进步 /

如前所述，个案察觉到自己已经拥有的资源，这对于培养自信至关重要。比如，除了发现自己具有哪些品质和个性特征之外，还能够意识到自己的进步，以及自己在通往目标的道路上的成功迹象。

不断地关注个案在每一个步骤中取得的成就，无论那是多么微小，都可以不断强化个案的胜任感，从而又进一步帮助他提升积极的自我形象。

评量进步程度和提升察觉力的方法有很多。量表问题只是众多方法中的一种，是实施"梦想成真"项目必不可少的工具。强烈建议教练在项目的执行过程中重复使用这个工具。在不同的时间节点、以不同的角度使用量表问题，帮助个案看到自己的进步和成就，显著地提升自己的信心；同时又会激发他的动机，令他保持旺盛的积极性，提高其独立性。

/ 量表问题的使用技巧 /

最基本的量表问题是有其固定模式的。你可以以这个模式为基础，加入一些变化，比如为了达成某个特定的目标，或者想结合其他焦点解决的工具一起使用。例如，量表问题可以跟奇迹问题（谈论想要的未来）以及资源问题完美地结合起来使用。这里有一个案例，就是使用了这三种问题类型的组合，完成了一个有效的焦点解决式的干预。

一个来自诊所的案例研究：山姆

18岁的山姆正和他的教练一起，学习如何让自己每月不超支。他希望能够既不欠父母的钱，也不欠朋友的钱。他的目标是"在网店里看见那些诱人的东西比如手表和数码产品的时候，只是看看，而不会再有'我要拥有这个东西'的想法"。他所期望的是一个零负债的未来，如何应对这个购物诱惑是他面临的最大挑战。

山姆："如果我能克服'想要就去购买'的冲动，就能更接近我的零负债目标。这样我就可以省下钱来还清债务了。"

现在，山姆已经努力了两个月了。他取得了一些进步，在自己的银行账户上有了一些积蓄。但在这个过程中，他还是感觉很煎熬，面对诱惑经常感到非常挣扎。现在，他对自己有些失望，因为一时的软弱，买了一双看起来很酷的运动鞋，到头来却发现自己并不是真的喜欢。

山姆："它们代表了我的失败。每次看到它们的时候，好像都在提醒我没有信守承诺。我听到自己跟自己说：'你很笨，山姆！你永远都不会实现你的目标的。'"

教练："哇，山姆，你对自己这么严厉啊。你觉得自己做了什么，要被这样评判啊？"

山姆："我失败了！我没有坚持下去，没有抵抗住诱惑。"

教练："在这段时间这样的状况发生了几次？"

山姆："只有一次。"

教练："那你有多少次成功地战胜了诱惑？"

山姆："哦，很多次。"

教练："真的吗？哇！跟我多说说。不如我们来做一个量表测试吧，看看你现在的状态，你觉得怎么样？"

教练在之前的约谈中曾经跟山姆用过这类的量表问题，因此，山姆知道他应该做些什么。

山姆："好吧。那我可以说，我现在是7分。"

教练："太好了！这次的分值比上次提高了一分或者两分吧？如果我没记错的话，一个多星期前你给自己的评分是5分。你是怎么在这么短的时间里有了这么大的进步的？那时是5分，现在是7分，你有了什么不一样的表现？"

山姆："你问我这个问题，才让我意识到，我虽然失败了一次，买了运动鞋，但是这段时间里我至少有五次成功地抵制了诱惑。"

教练:"真的吗?你是怎么做到的?一定不容易吧。是什么让你抵制住了诱惑?"

教练试图挖掘山姆的内在资源。事实上,教练正在把"梦想成真"项目流程的第6步合并到第7步的量表问题中。

山姆:"看到广告跳出来的一刹那,我就被吸引。我想,哇,太酷了!但紧接着我就开始反思我的这一念头。虽然在那一刻我是那么的兴奋,但接着我想到自己的目标。然后我问自己,我真的需要这个吗?这是个好主意吗?就像我们之前讨论过的,我把注意力放在了我的内在对话上。"

教练:"哇,山姆!这太令人钦佩了!是什么让你做到这些的?"

山姆:"我想到了自己是多么渴望成功。我也想到了我的父母。你知道,如果我再一次向他们求助,他们会有什么反应!"

教练:"哇!想到这些让你有什么感觉?"

山姆:"让我觉得自己很强大,真的想要坚持下去。一想到要再一次以失败来面对他们,我就感到羞愧难当。"

教练:"所以让你的父母为你感到骄傲对你来说很重要,对吗?而仅仅是一想到要让他们承担另一笔债务,就会让你考虑再三吗?"

山姆:"是啊,确实如此。我已经感到很羞愧了。那一刻,我清楚地知道,我真的不想再那样做了。"

教练:"你现在很有责任感。山姆,你的这种思考方式非常成熟。你上次是什么时候不小心买了这双球鞋的?是这周的前半周,还是后半周?"

山姆:"就在周一。"

教练："如果我们往前推进一小步，站到10分的位置，你会有什么感觉？你有兴趣探讨一下达到10分的感受吗？"

山姆："你是说我来假装已经达到10分了吗？好吧。"

教练："是的，让我们来探索一下达成目标之后的感受。如果你愿意，可以闭上眼睛，去想象它已经发生了。"

山姆："就这样？"

教练："是的。想象一下，你已经达到了目标，你一直非常努力，现在，你已经实现了你的目标，没有了债务，你抵制住了诱惑。你在那里吗？"

山姆："是的，我在。"

教练："告诉我，现在你是一种什么样的感觉？"

山姆："感觉太棒了！我感到如释重负，就像压在我身上的一块石头被搬走了一样。"

教练："哦，我能理解那种解脱的感觉。还有什么？"

山姆："我感到快乐，心里很轻松。"

教练："为什么？"

山姆："因为我不再觉得内疚和羞愧了。"

教练："哇！这太好了。"

山姆："是的，确实很好，我觉得自己好像长高了几英寸，我自己一直在笑，都停不下来。"

教练："你还有什么变化吗？"

山姆："我越来越多地和朋友们一起参加活动。我经常出去。"

教练："还有吗？"

山姆："我的父母经常来看我。"

教练:"太好了。还有吗?"

山姆:"我不再逃避与人接触了。我不再害怕了。"

教练:"山姆,真是太棒了!"

山姆:"是的,确实太棒了!我突然明白了我为什么会害怕某些事情,比如害怕跟父母讨论,这让我很不开心。当我感觉开心的时候,当我出去看朋友和家人的时候,我是不会想着去购物的。事实上,现在我很少上网。我有很多其他的事情要做。"

教练:"哇!在我看来,这是一个非常有价值的洞见。你是怎么有了这些领悟的?"

山姆:"我觉得我应该珍惜现在这个机会,让自己做到零负债。如果我不再做让自己后悔的事,我就不会负债了。我正在打破这个循环,(长出一口气)……我觉得棒极了!"

教练:"是的,山姆!绝对是这样的。你觉得我们这样探讨已经足够了吗,还是你想再补充什么?"

山姆:"没有补充的了。这已经足够了。"

教练:"好的,山姆,那么你现在可以慢慢睁开眼睛,再回到现实中来。慢慢来,不用着急。"

山姆(眼睛睁开):"啊,哇,太棒了!我现在还能感觉到。"

教练:"那到底是一种什么感觉呢?你能跟我说说吗?你现在可以回到你的起始位置上了。"

山姆(走回去):"呃,我不太清楚。感觉有点奇怪。"

教练:"你说的奇怪是什么意思?"

山姆:"奇怪的意思是,我好像不太愿意走回去,好像它不再适合我了。"

教练:"那么哪个位置适合你呢?"

山姆:"我不知道。我也很困惑。我感觉在8分或者在8.5分的位置上更自在一些。"

教练:"好的。你可以花点时间想想哪里是你最好的位置。"

山姆(在8和9之间走来走去):"是8.5分。在这儿感觉就对了。这是合适的位置。"

教练:"太好了!你现在在8.5分的位置上。哇,刚才和这会儿发生了什么?是什么导致了这个巨大的转变?此刻有什么不同?"

教练最后的一串发问,只是为了确保山姆能够真正理解突然提高了分数背后的意义。

山姆:"不同的是,我已经感觉到了,当我让我爱的人失望时的那种痛苦,以及当我没有内疚和羞愧感时的美好。我也能感觉到,跟朋友们在一起做事,一起出去玩,不再有担心,是多么棒的一件事。我突然明白,这一切都是我自己造成的。之前的那一切我觉得很可怕,我能感觉到自己是多么不想再发生之前的那些事!现在这种感觉对我太重要了,比一双傻乎乎的运动鞋重要多了。"

量表问题的固定模式

量表问题一定要以邀约的方式提出。

问题1:

"你愿意和我一起做一个打分的测试(或游戏)吗?"或者

"你愿意和我一起探讨一下你的目标，看看在通往目标的路上你现在在哪里吗？"

征得个案同意之后，你要解释一下这是一个怎样的测试。

问题2：
"这是地板，从这儿到那儿是一条线。我们把这条线看作一条路径，从0到10，一共有10步。0的位置代表着什么都没有发生。10的位置代表你想要的未来，也就是你的目标。它的意思是：哇！你已经实现目标啦！"

很多教练都喜欢从1开始，因为0代表什么都没有，而当一个年轻的个案愿意为一个目标而努力时，就代表他已经走出了值得称赞的一步了，他已经意识到需要做出改变或者有了解决问题的愿望了。正是这种意识，或者仅仅是为改变而努力的愿望，就值得在量尺上至少给出1分。欣赏个案身上已经存在的东西，是焦点解决方法的原则之一。

下一个问题就是请个案确认他目前在量表上的位置。

问题3：
"如果位置1表示你才刚刚开始，而位置10表示你已经实现了目标，那么你觉得自己现在在这条路径的什么位置上呢？"

也许，此刻他会沿着这条线从位置1开始向前移动，你可以平静地跟在他的侧后方。当他找到了一个自己觉得舒服的位置上（"就是这里了！"）时，请他转过身来，往回看向 1 的位置——这条路的起点。

下一个问题是固定模式中的问题 4——引领着个案回顾一下，是什么把他带到了现在所在的这个位置。借此你可以帮助个案意识到他目前所拥有的所有资源。

问题 4：
"到目前为止，都是什么帮助你走到这里的？是什么让你站在了这个位置上？哪些帮助到了你？还有什么其他的吗？"

答案可能是任一方面：性格特征、技能、才能、经验和任何可能的外部资源。值得注意的是，即使是负面的体验，也有可能带来正面的影响，也是一种有用的资源。从失败中吸取的教训是有价值的，知道什么行不通也是非常有帮助的。

建议在这个问题上多花些时间，让所有的可能性，无论看起来多么微小，都有机会被探索到。对于一个年轻的个案，这会是一个相当有意义的发现之旅！他可能会意识到，实际情况比他最初以为的要好得多。

第 5 个问题则是去探索更前面的位置。你可以请个案面向位置 10，也就是朝向想要实现的目标。然后请他想象，站在更前面的位置上会是什么状况。

问题5：

"如果走到更前面的那个位置上，你的感受是什么样的？"

你可以一步一步地引领个案向前移动，去体会每走一步的感受，直到走到终点位置10；也可以让他想象一下，直接站到位置10上会是什么样子。当个案站在位置10上的时候，你可以使用奇迹问句，并建议他在回答问题的时候闭上眼睛。

也可以简单地询问他想要到达的位置（也许不是位置10），去体会他在那个位置上的感受：

"想象一下，你又前进了几步，站到了你想要的位置上。你有了什么变化？你现在能做些什么？这些对你有什么帮助？你希望自己最终到达什么位置上？在哪个位置上你最满意？"

如果个案在回答问题5时说，他发现自己比以前做得更好了，你可以尝试问出下面的问题。

问题6：

"你是否已经注意到，有那么一些时候一切似乎都在好转？在那些时候，你觉得自己处在量尺的什么位置？你曾经到过的最远位置是哪里？你觉得是什么让你能够走那么多远呢？那个时候与其他时候相比有什么特别的呢？你做了些什么呢？"

在与个案一起仔细审视了他在位置10上的期待结果，以及探讨了之前的成功经验后，很自然地，你需要把他带回到初始点。你要在他移动的过程中，观察他无意中流露出的非语言信息。如果他很自信地、毫不犹豫地站回到了他最初的位置上，你可以基本断定，这个位置就是他此刻应在的位置。

然而，情况并不总是如此。如果你仔细观察他的脚步和神色，会看到一些蛛丝马迹：他的脚步是坚定的吗？他站回到最初位置上时的神色是笃定的，还是有一点点犹豫或者不确定？身体有轻微的摇晃或者明显的前倾吗？

所有这些信息，都要通过询问他再次回到最初位置上时是什么感觉来进一步核实。比如："现在，你又回到了最初的位置上，有什么感觉吗？"

正是在这个环节，经常会听到个案的一些回答，暗示着他似乎发生了一些改变，比如"我好像不再属于这里""有点儿奇怪"或"感觉不太合适"。那么，你就可以问问他，觉得站在什么位置更合适，并请他移动到那个位置上。大多数情况下，个案选定的新位置会离目标更近一步或几步。

当个案找到了他认为的"合适位置"，并且在那里看起来很舒服的样子，就可以让他描述一下现在的位置和他原来的位置相比有什么不同了。一般来说，这种反应清楚地表明，让个案置身于所期望的状况中去感受实现目标后的成功感，有助于强化他的动机。这种做法，能够让他对自己的目标有更清晰的认识，也让目标变得更有吸引力。

实例：

个案："真奇怪，这会儿站在这儿的感觉很不一样。"

教练:"有什么不一样?"

个案:"嗯……我说不出来。"

教练:"慢慢来,不着急。站在这里,再好好感受一下。"

个案:"感觉我好像已经不再属于这里了。感觉我好像已经取得了更大的进步。"

教练:"好吧……你觉得你现在应该站在哪里?"

个案:"也许应该是(说出新的位置)……"

教练:"那就走过去吧,站在那里,说一下你的感受。"

个案:"也许再往前走半步?"

教练:"太棒了。试试看!"

个案:"是的,感觉好多了。我现在站在这儿(新的位置)。"

教练:"你觉得怎么样?"

个案:"我不太清楚。但现在感觉离我的目标更近了。"

教练:"太好了!你知道你怎么会有这种感觉的吗?"

个案:"明白了。我想我现在更清楚了我为什么要做这件事。我对自己能做到这件事情更有信心了。以前有许多事我都没有考虑清楚。"

以SMART协议结束这一部分的练习。询问个案在一个明确的期限里,朝着他的目标可以采取的行动是什么:"你能想出下一周你可以完成的、让你更接近最终目标的行动是什么吗?有什么具体可做的事情吗?"

对这个问题的描述越具体越好。虽然在一般的焦点解决的方案中，并不强调 SMART 原则，但是在实施"儿童技能教养法"和"梦想成真"项目时，与儿童、青少年一起工作的经验表明，这个原则是值得去遵循的。

以上所有的这些问题都有助于个案明确自己下一步的行动，从而向目标推进。精准地说出下一步要做什么，可以为推进进展提供一个更坚实的框架。最后，建议你用握手或者其他适当的方式，跟你的年轻个案确认他对下一步行动的承诺。

完成整个评估后，可以与你的个案进行一次简单的讨论：

"这些量表问题对你有帮助吗？真的吗？哪些对你帮助最大？你能在以后的流程中再次使用它们来帮助你实现目标吗？"这些问题将帮助你的个案更加清楚什么对他是有帮助的。

工具箱里的工具

奇迹问句

　　想象一下，你今天晚上做了一个梦，梦见自己实现了目标。第二天早上醒来的时候，咦！你发现你的目标好像真的变成了现实！这件事真的发生了，就像发生了奇迹一样。

- 那会是什么样子？
- 你感觉到了什么不同？
- 你看到了什么，让你觉得奇迹发生了？
- 你会做什么跟现在不一样的事？
- 比如那时候你会说什么？或者你会怎么想？
- 别人看见你时会发现有什么不同？
- 他们会有什么反应？他们会怎么说？

/ 测评：基本要点 /

如果在使用量表问题的过程中对所发生的一切做更多的分析的话，可以让这个工具发挥更大的作用，为个案带来更多的可能性。

当然，仅仅使用量表问题以确定个案在项目进行到某个特定时刻的位置已经是一个很不错的做法。然而，正如本章前面所述，通过量表问题在诸多的节点上展开对话，可以收获更多。还记得前面的说明吗？可以回顾过去的成就以及已经拥有的资源，还可以运用奇迹问句来展望个案想要的未来……

将测评过程可视化

下图是评估位置及其功能的可视化展示。

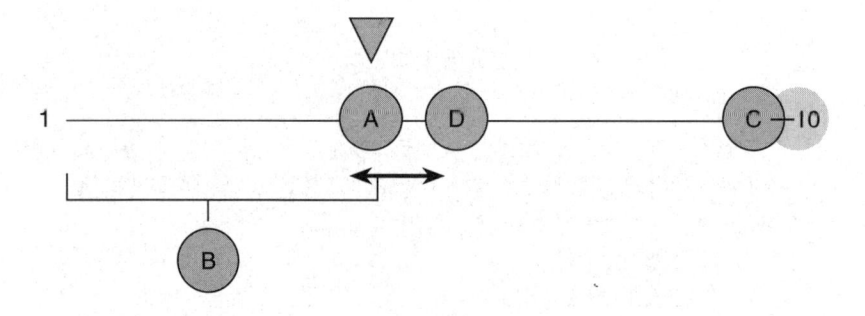

A. 个案当前的位置

B. 信心与希望（回顾所有资源）

C. 期待达到的位置，憧憬实现目标后的结果

A–D. 回顾有何不同及细微的差别

D. 个案的新位置（对下一步行动达成共识）

在此图中，A 代表当前的位置：

"在 1 到 10 的量表上，如果 1 是你的初始位置，10 是你想要的结果，你现在在哪里？"

A 代表个案的回答。从位置 A 向回看位置 1，B 的情况会看得更加清楚。B 代表已经拥有的一切，包括原来自身带来的、学习到的、经历过的，总之是曾经帮助个案到达位置 A 的一切资源。逐渐意识到所有的可用资源，可以为个案树立信心，对未来有一个更积极的期望（位置 10）。

聚焦于位置 10，即个案想要的未来，能够令个案与其目标有更实质性的联结。为此，可以使用奇迹问句，或者问一些跟实现目标相关的具体问题："那会是什么样子？你感觉到了什么不同？你会做什么跟现在不一样的事？你会说什么？或者你会怎么想？别人看见你时会发现有什么不同？"

这些只是你可以问的许多问题中的一部分。这些问题可以优化个案与他的目标之间的关系，并使目标变得更加清晰和具体。而通过回答这些问题，可以帮助个案对达到目标的结果有一个更全面、更深入的认识。

当再次请个案走回到初始位置 A 时，他也许会意识到，他对位置 A 的感知已经改变了，对于他当下的感觉来说那里似乎已经不合适了。此时，可以让个案确定一个更贴近他当下感觉的新位置 D。而从 A 转变到 D，是因为个案意识到更多的资源，以及对目标有了更清晰的理解。通过这样的方式，个案在身体和情感层面体验到了以前只是在头脑中构想的东西。对于个案来说，正是这种不同层次体验之间的深度贯通，让他有了更强烈的动机，激发了他新的灵感，为下一步的行动铺平了道路。

现在，站在位置 D，个案可以思考为实现目标下一步具体该怎么走了。而这一刻，也是一个极好的机会，让个案重新思考并确定他的最终目标 C。实际上，个案的最终目标 C 不必是"完美的 10 分"。你的年轻个案可以自行确定他觉得满意的最终结果。10 分是最理想的情况，而你的个案想要的很可能是一个较低的分数。把他想要的最终结果从 10 分调整到一个较低的分值，可能更实际，更具有操作性。这样的目标设定，对于个案放松心态并提升实现目标的信心有很重要的帮助。

第五章

推动进步

当个案已经获取了足够的信息并信心满满的时候，就可以采取行动了。当然，在"梦想成真"项目的进行过程中他还会不时地遇到各种挑战，这是非常正常的。也正因为这样，"梦想成真"项目设计的每一个步骤都在设法为个案所采取的行动提供源源不断的支持，也帮助他监测和记录在迈向目标的道路上取得的各种积极进展，哪怕是极其微小的，并鼓励他与所有的朋友和支持者分享！重要的是，绝不忽视任何一点改善，如此才能将个案努力的动机最大化。

第8步：行动

我们可以把个案对想要的未来的描绘和对目标的设定，以及找到通往目标的道路，看成是实施"梦想成真"项目的前奏，目的是帮助他认识到那些看起来遥远的、似乎无法实现的事情，实际上他是可以做到的，是在他能力可及的范围之内。当他在心理上、身体上乃至情感上均与期望的未来建立了联系，采取行动实现目标就会变得容易起来。

年轻人在遭遇挑战或者深陷在问题的漩涡里时，很容易会拖延，不采取行动。他们不愿走出舒适区，失去掌控感、联结感和胜任感。对于生活中出现的问题，年轻人往往会感到不知所措，而不是把解决问题视为一种挑战，一个学习和成长的机会。

"梦想成真"项目所设计的所有流程步骤，都在努力确保让个案有掌控感、联结感和胜任感。事实上，该项目就是在帮助个案积累这些能量，最大限度地减少他们在采取行动时的不适感。我们希望个案采取行动是出于他自己渴望改变而必然发生的结果。

在采取行动前要达成一系列必须遵守的合约。教练需要同个案一起制定一个详细的"下一步"行动清单。口头谈论的阶段已经结束了，是时候开始行动了。把这些合约记录下来，可以记在练习册上，也可以记在活页纸上——可以清楚地看到那些行动将如何进行，以及何时进行。个案知道了他自己的期望是什么，而你，作为教练，也知道你对他的期望是什么。

/ 收集好点子 /

如果在《"梦想成真"自我教练手册》中查看这一步就会发现，这"一小步"怎么做完全是根据个案自己的想法，由教练和个案一起商讨来决定。像"儿童技能教养法"一样，"一小步"是一个仔细斟酌后的决定。这"一小步"是年轻的个案觉得一定可以实现的，他是一定可以成功做到的。

教练一定要跟随个案的提议，但是如果感到个案提出的这"一小步"行动方案看起来有些过大，那最好选择恰当的时机跟他一起做一个深度讨论。如果个案有能力，也有可能成功地迈出大一些的步伐，不妨就让他去迎接挑战，这样他在最终取得成功的时候就会生出更大的成就感。

在飞机制造业领域，对新型飞机进行飞行性能的技术测试被称为"极限测试"。当然，人不是飞机，也不是每个人都有鸿鹄之志，但是找出个案的能力范围是绝对值得的。年轻人都非常明白这种"拓展边界"的游戏原则：想想那些迟到10分钟没有被惩罚，下次就迟到15分钟的学生。

很多年轻人在成长中始终在探索自己的潜能。因此，给他们机会拓展自己的能力，鼓励他们多做一点努力，这是一个不错的主意。重要的是，要确保这一步行动的可行性，检查是否有切实的成功机会。如果有所怀疑，最好建议个案考虑采取一个较小的行动。

有时候你的个案可能一时想不出下一步可以采取什么行动。这时，你可以帮助他。一个比较有效的做法是一起"头脑风暴"。这个方法很简单，就是列出尽可能多的点子。这里的关键是敢于"跳出框架思考"。一旦有了足够多的点子，不管它们看起来是多么疯狂和不切实际，个案内心就会多一些希望和掌控感。因此，先不必去理会这些想法是否可行，也不用考虑最佳行动方案，这些都是后话。最后由个案来选择他认为最有用和最可行的方案：他想要采取哪些行动，他感觉在规定的时间内哪些是可行的。作为教练，你的任务就是跟随个案，即使有时自己也会不耐烦。

/ 承诺与确认 /

你的个案已经做出了自己的选择，现在，该由你来跟他确认了。可以通过以下问题进行确认：

"你准备什么时候做呢？你预计什么时候可以完成？"
"你打算怎么练习？"
"我能在你身上看到什么跟以前不同的地方？"
"别人也能看到你的变化吗？"
"这种变化是什么样子的？"

"你具体打算做些什么？"

在详细谈论了他要采取的行动的各方面细节之后，通过握手，或其他一些象征性的举止来最终进行确认。年轻人有各种非语言的方式来确认这一点。如果你问他，他本人想如何确认，你就会了解最近在年轻人中间流行使用哪些方式，这其实也是在向你的个案学习。

第 9 步：日志

变化是不可避免的，这是我们生活中唯一不变的特征。每一刻，每一分钟，每一秒……都在变化中。我们很容易相信自己有应对变化的能力，因为变化本来就是生活中我们必须无条件接受的……然而，似乎没有什么比这个更偏离现实的认知了。事实上，由于某些原因，许多人是很难接受改变的。接受改变意味着接受和屈服于未知，这可能是相当可怕的。因为害怕改变而对改变心生抗拒。

当人们感到他的三个基本需求中的任何一个可能被改变所影响时，就会心生抗拒：

○ 掌控感（担心没有能力影响局势）

○ 联结感（担心缺乏联结）

○ 胜任感（担心没有能力或技能应对新的状况）

然而，如果变化是自然发生的，人们通常是不会对此产生恐惧或抵抗情绪的。

"梦想成真"项目流程的设计充分考虑到这三个基本需求，促使人们做出积极的改变而无须经历任何与此相关的恐惧。每一个微小的积极变化都会得到肯定和赞赏。因此，让个案写日志或者某种形式的博客，记录自己的积极进展是非常有价值的。

/ 记录和辨识进步 /

通过写日志，清晰地记录下所发生的所有重大或微小的积极变化。个案坚持写日志，可以对新的进展保持警觉。这种有意识的、持续的关注，能够确保个案留意到所有的成就，哪怕是微小的积极改变。这些看似微小的改变，一旦被看到并被记录下来，就可以被个案有意识地加以利用，从而产生最佳效果；这种做法也可以使想要改变的动机保持在足够高的水平上，提升个案的自信心。这些被确认并记录下来的点滴成就，就是"梦想成真"项目得以持续进行的动力燃料。

持续监测还有一个好处就是有助于对项目进行中期评估。评估能够强化对有效步骤的察觉。持续监测并记录，不放过任何一个积极改变的迹象，不仅可以令个案在项目进展过程中保持良好的感觉，还可以为中期评估提供详尽的信息，有助于确定下一步的行动方案。

这样的评估有时还能够得到一些不曾预料的好处。这些好处与个案在此项目中设定的目标并无直接的关联，却对促进他的整体进步有着重要的意义。可以说，聚焦积极的改变，常常会带来意想不到的好处。

坚持做记录，不论是博客还是其他形式的日志，都会给自己带来积极的影响。通常来说，年轻人都非常关注外在世界，而写日志像是一个自我反省的邀约，将他们的注意力从外在世界转向内在世界。

一个来自学校的案例研究：

一位年轻的个案给自己设定了一个目标，他要把更多的时间花在学业上，为自己的学业成绩承担起更多的责任。在为这个目标努力的过程中发生了很多的事，有些是意料之中的，有些是意料之外的；总之，都是些令人愉快和值得高兴的事。

例如，他已经很久没有跟父母像以前那样为他糟糕的学习成绩发生争执了。老师们也对他有了比较正向的看法——他们看到他真的在竭尽全力地努力学习。有些老师甚至主动提出给他补上以前落下的功课。

他的考试成绩一直在提高。他的功课基本上追上来了。他现在每天写作业的时间已经大大缩短了。结果呢？他有时候晚上甚至可以跟朋友们在一起多玩一会儿，他的父母对他周末出去玩耍的态度也改善了很多。

此外，他在课堂上也感觉更自在了。每天早起上学不再是一件困难的事了，因为他知道自己已经完成了家庭作业。总之，对他来说，上学变得比以前更有吸引力了。

他定期更新博客，记录他在学习和生活中的细微观察。而直到后来当他和教练一起回顾自己写的博客的时候，才真正意识到这么做的意义。看到自己能够留意到这么多的细节，他大笑不止，同时也发现这些细节是多么有价值。随着项目的进展，以及目标的实现，写博客变成了他的一个更加自觉的行为。

写日记，无论以何种形式，只要适合个案，都是一项邀约。邀请他们在通往成年和独立自主的道路上学习一些重要的技能，即自我反省和自我纠正的技能。

/ 推动进步 /

看到这些标记着我们正在朝向目标前行的指征时，会很自然地感到高兴，同时也会视其为"理所当然"。而这种理所当然的感觉往往会阻碍我们看到所有的正向发展。此外，对许多人来说，肯定自己的进步是一件很困难的事，更不用说自我赞美了。我们常常听到人们说"没什么大不了的"，或者"哦，那件事啊……是的，我自己还真没注意到"。对许多人来说，诚实地面对自己以及客观地看待别人都是相当大的挑战。"不可以谈论个人成就或成功"，"不能让别人嫉妒"，"不能显得比别人好"，凡此种种，他们会为自己在社交和生活方面各种设限。美国人的热情是出了名的："哇，太棒了！好极了！真是难以置信！"即使是在第一次见面时，他们也会毫不犹豫地展示自己的成功，而来自其他不同文化背景的大多数人则会认为这很奇怪，很夸张。可是，为什么我们不能公开地表达对自己取得成就的自豪感呢？只要也能够认可和尊重他人的成就，肯定自己的个人成就又有什么错呢？我们应该为每一个人的每一个成功感到骄傲。每个人都应该能够自由地表达自己："我属于这里，这个世界上有我的位置！"我们应该提倡谈论积极的进展和成就，谈论任何体现存在感的东西。

"我属于这里，这个世界上有我的位置！"这不是需要赢得的，而是每个人与生俱来的权利之一。每一个积极的进展，都值得被看到。通过这种方式，可以强化年轻人的存在感和价值感。

肯定自己的进步和努力，留意到哪怕是极微小的改善，这也是提升自我形象的强有力的方式。对于年轻人来说，想要成长为一个生命充盈的快乐的成功人士，必须有一个健康的自我形象。

/ 与他人分享 /

年轻的个案通过写日志的方式记录在"梦想成真"项目流程进行中取得的点滴进步，关注自己所有积极的改变，这有助于保持动力，朝着自己的最终目标做更长久的努力。

所有的体验，哪怕是个案自认为不够好的体验，都能帮助他认清自己在通往目标的道路上所处的位置，确定下一步需要采取的行动。如果他能把这些经验与他人分享，就会从其他人的积极反馈中获得鼓励，进一步激发自己的动机。

与他人分享，比如与自己的支持者分享，可以获得的另外一个好处是，其他人可能会补充一些自己漏掉的或者没有留意到的细节。

在整个项目的实施过程中监测并记录个案的进步信息能带来很多有益之处。最重要的一个好处就是，有利于个案和教练之间伙伴关系的维护。活动挂图是一个很有用的工具，在约谈中运用这个工具能够让项目各个阶段的进展情况视觉化。可以通过这样的方式慢慢地建立一个"项目的工作档案"（参见"工具箱里的工具"中关于同心圆的介绍）。因为大多数个案都不太喜欢携带这么大的一张纸，所以在每次约谈结束时拍一张照片就可以了。如此，个案就可以有一个关于该项目进展的视觉化概览，作为参考资料。

此外，分享积极的信息能够帮助个案和他的支持者更密切地参与到项目进程中。如今的年轻人普遍喜欢使用社交媒体，所以他们多半会选择社交媒体做分享。需要提醒的是，并不是所有的事情都需要分享，你的年轻个案绝对没有必要在社交媒体上自曝短处。什么样的信息适合发布，应该是教练与个案在约谈中重点讨论的话题之一。最安全、最明智的做法是将这些社交软件设限。

/ 选择一种形式 /

如何记录项目进展无疑是从项目初始就要被认真考虑的。正如前面提到的，记录方式各种各样，每一种方式都有自己的优缺点。尽管最终的决定权在个案手中，但教练有责任帮助他做出一个既谨慎又明智的决定。讨论及确定记录的方式，为的是降低个案无意间泄露隐私的风险。

当代年轻人是互联网数字世界里的原住民，然而他们在社交媒体上对个人敏感信息公开的开放度和随意性让人惊讶。许多年轻人都喜欢使用社交软件，在社交平台上保持联系，交换信息，宣传自己和各种活动。他们通过脸书、推特、油管、微信、抖音、QQ空间、新浪微博等当前主流社交平台上的个人主页和频道，与全世界分享自己的经历、兴趣和想法。有无数的例子表明，通过这样的分享，一些年轻人非常成功地展示了他们的才华，吸引了大批追随者，并因此获得了可观的收入。

这些社交软件确实为"数字化日记"提供了天然的方便，而年轻人在这些平台上又如此如鱼得水，可以想见，选择这些平台记录他们的进步和个人成就对年轻人来说是一件自然而然的事。但是作为教练，你有义务提醒年轻个案对个人隐私的保护。我们应该严重警告他们，一旦信息被发布到互联网上，就极有可能有被坏人恶意使用的风险。

像用传统的写日记或其他一些有创意的形式进行记录也同样有效。如果年轻人不太喜欢用文字记录，也可以用自己喜欢的视频、绘画、诗歌、拼贴画等方式来表达。最重要的是选择一个适合自己的媒介，来表达感受和体验，同时也要方便与教练和支持者分享。

/ 写日志的技巧和点子 /

一定要与你的个案讨论以下这些利弊：

○ 在互联网上分享信息可能有的后果。
○ 隐私问题。
○ 如何处理来自其他人（自己的社交圈之外的人）的负面反应。

信息一旦被发布，就会拥有惊人的生命力。同一个信息可能会通过各种不同的渠道传播开来，即使是已经过时了的、非热点的也一样。因此，从长远来看，在网络上发布个人信息会带来一定的负面影响。如果你跟你的个案详细探讨所有这些事情，他将能够对他选择发布的内容做出更好、更慎重的判断。

一个实用的方法是使用代号表示"梦想成真"项目。匿名记录博客，并且不在博客上留下任何个人信息，个案就可以放心大胆地记录自己在项目期间的各种经历。所选择的代号应该跟他的预期目标有关联，比如可以用人名（像"超人"或"米老鼠"），也可以用动物或符号来代替，用现实生活中的某个人的名字肯定是不太合适的。

　　一旦个案选定了一个合适的、能够激励自己的代号，就可以继续跟他探讨什么可以写、什么不可以写，并达成共识。毕竟，有些信息只适合与特定的朋友或支持者进行有所保留的分享。正如前面提到的，除了博客，还有一大堆的方式可以用来对项目进展进行可视化记录：写日记，画海报（贴在卧室的墙上），便笺纸记录，制作拼贴画，写信，自创漫画或卡通，写电子邮件……这个清单可以一直列下去，个案可以选择自己喜欢的方式，发挥自己的想象创作属于他自己的日志。

第六章

采取行动

我们已经讨论了通往目标路上的前几步，现在该把重心移到如何保持势头的另外两个重要步骤了，即"应对挫败"和"庆祝成功"！

你的个案已经聚焦了目标，并开始付诸行动，此刻与其详细讨论这两个问题非常重要。

第10步：应对挫败

任何一个想要实现目标的人迟早都要面对这样一个事实，那就是通往成功的道路并不总是平坦的，路上会有石头、泥坑，甚至倒下的树木等各种各样的障碍物。从出生的那一刻开始，我们就要面对各种不确定的挑战，不是每件事都能按照我们所期望的那样发生，这就是现实生活。

/ 挫败的意义 /

所有的挫折和失败，不管让人有多么的不愉快，注定都是生命中的一部分。学习接纳这些挫败，把它们看成是发展过程中必定要经历的（因此是正常的），有利于保持健康的自尊和自信。这些挫败经历十分宝贵（让我们知道什么是没用的），同时也提醒我们，改变一直在发生，一切都是暂时的，所有的一切都会过去。

当你的个案有了积极正向的心态，更多的是去关注成长和进步时，挫折就不会对目标的实现产生负面的影响，因为他知道自己正一步一步地接近目标。换句话说，当挫折被重新定义为一种"学习经验"时，就有可能为当事人带来好处。

把遭遇挫折看作是成长过程中的必然经历，而以成熟的心智看待挫折，也是一种可以在后天习得的技能。

从大脑开始发展出社交功能的那一刻起，挫折在大多数情况下都是消极和威胁的代名词。出于安全的需要，大脑的自我保护机制会自动发展出应对这些威胁的策略，以防止再次经历这种不愉快的"意外"，或者减轻所遭受的打击。刚出生的婴儿，离开了妈妈温暖的子宫，突然暴露在产房刺眼的灯光下，他会感到极度的不适。小婴儿很快意识到，所有的愉悦都来自外部，比如被喂食或者换尿布。他发现需要依靠别人来满足自己的需求。如果妈妈在他需要关注的时候不在身边，他就会感到失望和沮丧。他会立即感受到生存的威胁，开始大哭。在生命的最初时期，哭叫几乎是婴儿唯一可用的策略。这种情况在出生后 8 个月左右的时候开始发生改变，他开始从"我"的视角体验这个世界，他的自我意识开始觉醒。

从这一刻起，孩子开始意识到（或者无意识地），他自己的行为可以影响来自外部世界的给予，并开始发展出一系列的策略确保自己的需求得到满足。

"如果我哭了，妈妈就会来给我换尿布或者喂我。"

"如果我笑了，我就会得到很多关注。"

诸如此类，每个孩子都会根据自己最初感受到的"创伤"，发展出自己的特定策略。尽管会有许多变化，但这些策略会终其一生塑造他的行为模式。随着个体的成长，有些策略变得不那么有效，甚至可能会适得其反。但是，由于这样的策略已经发展成纯粹的自动化行为，只有付出巨大的努力，才能转变为更有用的行为模式。这样的转变需要时间、察觉和强烈的动机。

当事情的进展与预期不符的时候，就会感觉遇到了挑战，导致失望和沮丧感。此时，极有可能让人对实现目标失去希望，动摇坚持下去的决心。这种无望的感觉在现实生活中往往是抑郁的先兆。缺少生活经验的年轻人尚没有做好接受挫败的准备，这些挫败来得猝不及防，让他们感到难以应对。有时候，这些始料不及的挫败会对他们产生强烈的，甚至是创伤性的影响。

你可以去想象一个突发的危险时刻，比如，一只狗突然从路旁蹿出，从你疾驶的车前穿过。这种突然的强大冲击会使你体内的肾上腺素陡然激增，即使那只狗已经跑到了马路的另一边，你体内的肾上腺素也会很长一段时间内无法消退。再想象另外一个情景：你正在一个允许狗狗自由奔跑的公园里骑单车，你心里知道，这个公园里每时每刻都可能会有一只狗从你面前的道路上穿过，所以你骑得很小心，比较慢，也比较警觉。此刻，突然有一只狗出现在你的面前，挡住了你的去路，因为你做好了充分的准备，所以你及时地放慢了车速，从容地绕过这只突然出现的狗。也许仍然会有一些冲击，但你身体的反应会小得多，伴随而来的肾上腺素的增加也会少很多。事情过后，你或许会长出一口气，庆幸自己及时做出了反应，成功地避开了这只狗：局面处于掌控之中。

在后面的这个情景中，你快速地处理了这个突发事件，所以不会留下任何创伤记忆。这就是两种意外情况的不同结果。当身体需要长时间从冲击影响中恢复过来时，就会产生某种程度上的"创伤性记忆"。下次当你骑车或开车时，曾经的记忆以及不适感就会重新出现。即使你明知一切已经过去，你的身体也会对那些未经处理的事件的记忆产生身体反应。也许你能够成功地控制住这份恐惧，但还是会对开车感到不安，不确定是否一切都在掌控中。

青少年有强烈地想要掌控一切的倾向，也有同样强烈的独立渴望，这是一个人开始走向成熟的显著特征。他们正处于人生的一个重要阶段，开始寻求自我，希望找到属于自己的那条路。

进入青春期的年轻人已经有了足够多的生命体验，他们已经懂得不是每件事都能心想事成。这些生命体验也让他们无意中形成了自己的信念体系，并在他们人生的每个关头起着重要的引导作用。这些无意识的思维模式导致其消极的感受，形成了所谓的"限制性信念"。换言之，这些限制性信念导致了青少年的消极感受和情绪，阻碍了成长型心态的发展，并在其遇到挫折时产生紧张感和无助感。

我们经常会听到下面这样的表达：

"我做不到，我不够聪明。"

"我根本就不会去试的。因为我就是做了，也不可能成功。"

"爬行动物脑"是人类大脑中最先出现的脑成分，与"边缘脑"（也称为"情绪脑"）共同负责荷尔蒙应激反应，当遇到危险和压力的时候，会自动启动保护功能，做出瞬间应对反应——"战斗、逃跑或僵住不动"。在人类还披着兽皮的时候，面对着大老虎和其他有攻击性的动物时，"爬行动物脑"瞬间的反应将决定谁将成为对方的下一餐。

具有本能反应的"爬行动物脑"比我们的前额叶皮层（我们

的"思考脑")的反应要快得多。额叶皮层是人类在进化的后期才发展起来的。在远古时代，人类的本能反应比大脑前额叶皮层所能做出的反应要快得多，没有这种"爬行动物脑"，人类很可能早就灭绝了！

人在进入青春期之后，反应灵敏的"爬行动物脑"与负责认知能力的"思考脑"会共同作用，那些本能反应——"战斗、逃跑或僵住不动"——被"思考脑"做了新的解读，所以才形成了诸多的限制性信念。下面是一些现实生活中常见的例子。

"爬行动物脑"的反应	"思考脑"的解读
僵住不动：采取行动是徒劳的	• "我已经告诉过你，我从来都不会把事情做好。我就是一个倒霉蛋。" • "没人能帮助我，我只能自己去面对。" • "我是个没用的废物。"
逃跑：避免采取行动	• "我不干了。我要离开这里。" • "没有必要再待下去了，我从来没有把事情做对过。"
战斗：对抗	• "如果他们胆敢碰我，我真的会发疯。" • "如果他们想惹麻烦，那就来吧！"

值得注意的是，僵住不动的反应和受害者心态之间的联系。这种受害者心态——认为自己的困境都是别人造成的，自己无法对自己的问题负责——主要是由丧失掌控感和无法施加影响的无力感而引发。早期经受到的压力、恐惧和失望——在孩子太小而无法对抗周围环境时——常常导致一种无力感，这种感觉主要发生在自我认同的层面上，往往表现为诸如"我很笨！"之类的限制性信念。类似的限制性信念在青少年的头脑中普遍存在。

前面的这些解释试图说明的是，我们需要认识到这种机制的存在，并找到建设性的方法应对它们。焦点解决的方法是运用

"正向重构"，或寻找"例外"的方式来打破这些限制性信念。请看下面的案例：

教练："安德鲁，我刚才听你说你觉得自己总是不走运，没有什么事情是顺利的。我能不能为此再问你几个问题？"

安德鲁："哦，好吧。你为什么要问？"

教练："是这样的，回答你的'为什么'可能对你没啥帮助。你觉得呢？"

安德鲁："倒也是。"

教练："安德鲁，回顾你的生活，有没有什么时候事情实际上进展得还算顺利？多久以前的都行。"

安德鲁："不知道。我得想一想。哦，等一下……我4岁的时候差点死了。我从厨房橱柜里拿了瓶洗涤剂，不小心喝了。我妈妈发现了，马上叫了救护车，救了我一命。我妈妈是我心目中的英雄！所以，那件事虽然是一件倒霉事，但是后面的结果还可以。否则我就不会在这里了。"

教练："我的天哪，这是一个很棒的故事！安德鲁，你所描述的正是我想要说的。坏运气，我的意思是，当事情变得很糟糕的时候，真的会让人感到走投无路了。那一刻，人们很容易忘记，事情也有进展顺利的时候。你的那个故事，天哪，你确实太幸运了，最后一切平安。一定有一个天使在守护着你。"

安德鲁："是的，我妈妈有时也这么说。但是，在我的那件事里，不像是有个天使，更像是有个淘气的小恶魔。"

教练："现在你笑了！太棒了！告诉我，你有没有过那种时候，虽然困难重重，但是最后还是成功了？"

安德鲁："最近我和几个男孩发生了争吵，因为他们要我还钱。我在之前跟他们借钱买了香烟，但我没及时还，他们就生气了，想找我打架。我很害怕，因为他们有三个人。我冷静地解释说，我确实没有钱，过两天等我拿到我的兼职工资，就能还他们了。他们同意了，我们谈妥后，还相互握了握手。当然，我后来确实还了我欠他们的钱。你猜怎么着？他们说我的做法很酷——因为开始，他们是想打架来着，我让他们看到了另一种解决争端的方法。不过，我不会再找他们借钱了，哪怕没有烟抽，我也不会再借了。"

教练："安德鲁，你现在如何描述这段经历呢？是运气不好、失败，还是别的什么？"

安德鲁："嗯，开始的时候一点儿也不好玩，因为那时我没有钱，感觉真是倒霉。把他们惹毛了，我觉得自己运气很差。但最终，事情的结果并没有那么糟糕，而且肯定不能说是失败，因为我找到了解决办法。"

教练："那么，你会怎么描述这件事呢？"

安德鲁："嗯，实际上，我还挺幸运的，一切都还OK。"

教练："你还能从这件事中学到什么呢？比如，你到底是怎么想到那个解决方案的？"

安德鲁："哦，也没什么特别的。我想过了，我没吓尿了裤子（咧着嘴笑），然后想出了他们能接受的办法。哦，对了，当然，我还明白了借钱不是一个好主意——因为，借的钱还是要还的。"

教练："太好了！我没有什么可补充的了……只是，你刚才怎么说的来着？你总是运气不好，从来没有顺利过。是这样吗？"

（笑声）

/ 为应对挫败做好准备 /

为了更好地应对可能发生的挫败，一个有效的方法是做好预判，在尚未发生之前进行必要的准备，做好心理建设。一位著名的管理大师曾经说过："坏事总会发生！"一旦人们认识到在生活中难免会遇到挫折，那么应对起来就容易得多。

如果能够提前采取一些必要的行动，这样，当意外发生时，其冲击力就有可能被降到最低，会更容易客观地看待所发生的事情，因此，也就不会一味地跟自己较劲儿了。虽然仍然要承担责任，但不会由此有那么强烈的负罪感和羞耻感。

倘若完全没有做准备，当遭遇挫败或者发生意外时，人们的反应往往是：

○ 战斗：表面上试图保持积极的态度，内心深处却是另外一番滋味。
○ 逃跑/僵住不动：失去动机，乃至放弃。

所谓的准备，包括心理和行动两部分。也就是说，要在认知和行为两个层面做好面对可能遇到障碍的准备。

摒弃旧的思维和行为模式，建立新的模式，改变才会发生。就像某个物体被移走，移走后的空间会自然地被填满：要么是被有意识所选择的物体填充，要么是被未经选择甚至可能是不受欢迎的物体填充。一个熟悉的例子是，一个吸烟的人终于戒了烟，却往往会陷入"过度饮食"的陷阱。

/ 应对挫折 /

"应对可能遇到的挫折最好的方法是什么？"

这是一个应该让个案尝试着回答的现实问题。毕竟，我们要找的是一个适合他自己的解决方案。事实上，这个问题的答案出奇的简单。就像我们不断重复的理念，"挫折和失败是生活和学习中的一部分"，每个人都可以从自己的经历中总结经验，从失败中学习和成长。当然，还有更多有价值的做法。

首先，也是最重要的，想想可能会出现的一些挫败，考虑一下到时候可以采取哪些行动。在正式启动"梦想成真"项目朝目标进发之前，帮助你的年轻个案做好备案——想好应对意外的方法。一旦意外发生，就可以从预先考虑过的一些备选方案中，选择一个合适的方案采取行动。

还有一个做法是靠支持者的帮助。他可以跟自己的好朋友和支持者约定一个暗号（口头的或非语言的）。当这些支持者发现他一时迷失了目标，或者他遇到了困境，就可以用这些暗号来提醒他。还可以请一位特定的支持者承担"服务台"的角色。当事情进展得不太顺利的时候，个案可以向"服务台"寻求帮助。

也可以针对某个具体情况确定一个最适合的方案。在某些情况下，例如，万一承担"服务台"角色的支持者不能够在第一时间提供帮助，也应该考虑其他的可行方案。

有一个女孩在"梦想成真"项目的帮助下成功地完成了学业。在实现目标的过程中,她经历了很多的困扰。她一共想出了七个不同的计划,这样在事情进展不顺时就可以用到。以备不测,她甚至还想出了第八个计划:

"我要给自己烤个蛋糕——就给我自己一个人!"

当被问及她为何想出这个富有创意的计划时,她回答说:"如果全都搞砸了,我就该好好安慰自己了,因为我已经尽力了。我要感谢自己在这个过程中为实现目标所付出的努力。我喜欢做蛋糕,每次做蛋糕的时候我都很开心!所以,在这样的时刻,我得做一些能够改变我的心情、让我快乐的事情。等我高兴了,情绪恢复了,有了好心情,我自然就会有能量继续前进了。"

这是多么有智慧和自爱的想法!也就是说,只要是个案认定的能帮助自己克服挫折的办法,都可以被采用。

你可以通过提很多问题来帮助个案找到应对挫折的最佳方案,比如:

"想象一下,你陷入了困境,一时迷失了目标,或者忘记了该怎么用那个新学的技能。你希望别人怎样帮助你呢?"

"你认为你需要什么样的支持才能让你再次鼓足勇气继续推进这一项目?"

"都有谁或哪些东西能帮助到你呢?"

"以前你是怎么让自己保持动力的呢?"

"之前你朝着一个目标努力的时候，你都用过哪些方法，让自己不松劲儿的？你现在还能用那样的方法帮到你自己吗？"

当然，根据个案的情况还可以问出更多合适的问题。如何在当下问出好问题帮助你的个案找到自己的答案，取决于你和你的创造力，以及你的灵活性。

/ 生活即是道场 /

到了这个阶段，你就可以支持你的个案在实际生活中运用并提升自己所学到的技能了。

他都有哪些可以支配和使用的工具？怎样才能高效地使用它们？

你们可以一起进行风险分析：

"你觉得在实现目标的路上哪里可能会出错？"

很有可能，你的个案会因为某个外部因素突然失去驱动力；也有可能，在某一个特定时期会停滞不前，或没有明显改善。在后一种情况下，没有积极的进展会让人失去前进的动力，无法在通往既定目标的道路上前行。

然而，一些设计巧妙的问题可以帮助个案恢复动力。作为一名教练，此刻也许可以对个案当前的目标做一个评估，或者做某种调整。事实上，在实施"梦想成真"项目的过程中最常见的一个错误就是，所确定的目标太抽象或者太大。最好的做法是，仔细检视所设定的目标，对它进行适当调整，这样做可以帮助年轻的个案再次行动起来。

个案在朝着一个既定目标努力的过程中，有时候教练或个案自己会发现另外一个目标似乎更符合个案内心的愿望。也就是说，随着项目的进展，个案开始越来越清楚地意识到什么对他是更为重要的。这种情况下，教练应该允许个案重新设定或完善他的目标，而不是一味地坚持原来的目标：

"你能百分百地确定你所选择的目标仍然是你想为之奋斗的吗？或者还有什么对你来说实际上是更重要的事情？"

如果所选的目标确实是个案想要的，但是朝向这个目标努力的过程中积极的进展迹象太少，那么就应该问问个案，是否采取了正确的行动步骤：

"你都做了哪些真正有效的事？你如何采取正确的步骤，来帮助你接近你的目标的？"

在这个环节，还可以调用支持者的资源，来帮助个案。也许支持者可以提供一些有用的点子让个案的行动更加有效；也可以对个案已采取的行动，让支持者帮着辨别其中那些真正起作用的、有价值的做法。有没有可能，某些行动在不同的时刻或者以不同的方式去实施，效果会更好一些？

"你采取的行动步骤的效果怎么样？有帮助吗？如果做一些不一样的事会不会更有帮助？"

如果所选择的目标没有问题，而且也坚定地采取了行动，并取得了一些进展，那么，是不是有什么重要的外部资源被忽略了呢？需要更多的支持者吗？还是需要更多的信息、教练的建议，或者时间？帮助个案增强自信会有效果吗？或者他仅仅需要更多的耐心和时间，就足以突破当前的瓶颈、向前推进？

"还需要做些什么吗？还需要什么不一样的东西吗？"

即使进展不是那么顺利，在绝大多数情况下我们仍然有可能看到一些积极的迹象。不过，有时确实发生过这样的状况：由于想实现目标的愿望太过强烈，期待过高，以至于变得没有耐心，无法对所取得的进步有客观而清醒的认识。这样的话就再次证明了在项目实施期间持续监测以及记录日志的重要性，因为即使是细微的积极变化也能被发现，并且不会被忽略。

一个来自诊所的案例研究：

教练："你好，琼，很高兴再次见到你。上个星期过得怎么样？"

琼："你好，教练。很高兴再次见到你。你知道，我都不明白这一切是怎么回事。我最初觉得今天没有必要来见你，因为好像什么也没发生，不过又觉得也不太对。当我开始做视频博客的时候——其实我本来是想跟朋友们出去玩的——我想到了一些不一样的东西。"

教练:"有意思!你能跟我再多说一些吗?"

琼:"当然……那会儿想到要见你的时候,我觉得自己什么都没有做到,我不是在想我自己,我真是不想浪费你的时间。嗯……我真的不太想来了,我怕自己让你失望。"

教练:"哦?"

琼:"你知道,我非常诚实。我觉得自己这周做得很不够,我也感到很后悔。但是那个帮我做视频的女朋友说,她觉得我很酷,她说我说的这些都是经过认真思考什么的。还有,我还说我觉得我让你失望了。然后我忽然发现,哇,这是一个相当重要的改变——你知道的,我一直觉得我根本不在乎别人怎么看我或者想我。你知道吗,我突然发现那根本不是事实!我一直在欺骗自己。我其实很在乎别人的想法,也很在乎我的行为是否惹恼了他们。"

教练:"哇,琼,你说得太好了!是的,我完全同意你的看法。你的发现非常重要——实际上,它更像是一种顿悟。你能告诉我你是怎么认识到这一点的吗?"

琼:"实际上我也不知道。我一直都在想,我感到很内疚——是的,整整一周,一直都是这样!我觉得这很奇怪,你知道吗,我确实有这样的感觉,但我仍然没去做我们约定好的事情。"

教练说:"这倒是真的,琼,你并没有完全按照我们约定的去做。但是当我听你说这些的时候,觉得你这周做了一件非常重要的事儿,一件可能比我们约定要做的更为重要的事儿。你知道,你跟我分享这些让我很开心。琼,你知道我为什么这么开心吗?"

琼:"嗯……嗯,也许是因为这周我一直在思考发生在我身上的一切，我是什么样的人，我一直在做什么，以及这些对其他人意味着什么，等等。这也是为什么我感到内疚。不过，这当然没有多大帮助，我必须要做点什么。"

教练（沉默一会儿）："我都不知道该说什么，琼，你告诉我这些，让我很感动。你已经注意到了，因为没有遵守我们的约定，你会感到不舒服和内疚。不过你也明白了得有所行动，才能让事情进行下去。是不是这样？"

琼："是的，我现在明白了是怎么回事了，很多事都取决于我自己要怎么做。而且，光坐在那儿难受是没有用的。虽然我什么都没说，但我感觉很糟。我把什么事都憋在心里，只会对身边的人更生气。我现在感到很难受。"

教练："我听到你说，你现在感到很难受。对过去的行为感到抱歉，这会帮助到你吗？"

琼："嗯……我也不确定……也许有一点帮助吧。也许有，也许没有，不管怎样，它能帮助我从不同的角度看问题。我真的希望情况能有所不同。"

教练："这是个相当不错的发现，琼！我觉得你这周做得很好，考虑问题很透彻。这本身就是在朝着正确的方向迈进，而且肯定会有效果的！你觉得呢？"

琼："是的，没错。我以前从来没有这样想过。"

教练说："琼，我们今天的约谈结束时间快到了。你还有什么要告诉我或想问我的吗？"

琼："现在还没有，教练。我们已经谈了很多了，大大超出了我来这里之前想过的。事实上，我很担心你会因为我没有遵守我们的约定而对我失望，或者发脾气。"

教练："我当然希望你遵守约定了，而且你确实遵守了其中的一些约定。你能想到是哪些吗？"

琼："你说的是什么意思？我做了我答应做的事吗？"

教练："是的。"

琼："哦……我想一下，我们都达成了哪些约定。呃……是指我今天来这里吗？还有我要和我的导师讨论课堂上的情况，以及我自己能做些什么。哦，是的，还有我要更新我的视频博客，因为我上次忘记做这件事了。还有，我会考虑怎样做才能表现得对人更友善。但我们当时只是谈论了我对这一切的看法，并不是说我必须立即行动。"

教练："没错！你记得很清楚。你能不能再确切地说说，有哪些约定你还没有做到？"

琼："哦……我应该和我的导师谈话。我没有抽出时间来。"

教练："没错。琼，这是唯一没有做的一件事……除此之外，你还做了一些约定之外的事。你考虑了很多问题，并开始着手解决它们。我感到非常高兴，这比我预期和希望得要多。你认为我们可以为下周约定些什么内容？"

琼（大笑）："哦，这很容易，我一定会做到的。我保证！现在我明白了，和别人分享我的经历，对我来说是件好事。奇怪的是，我过去认为错误或愚蠢的事情，实际上对我却是有帮助的。"

教练："我理解你。有时我们换个角度看事情，就会发现事情并没有那么糟。好了，你现在可以走了，时间到了。期待下周再见到你。和你交谈很愉快，琼！祝你好运！哦，对了，我可以看你的视频博客吗？"

琼（笑）："当然可以。要不我为什么要做呢……对吧？"

教练："你觉得呢？"

琼（笑容满面，手握着门把手）："好吧，下周我会思考这个问题的。再见！"

第11步：庆祝成功

当个案已经取得了足够的进展时，就到了庆祝成功的时候了。这里所说的"成功"是主观意义上的，取决于个案个人的感知。作为教练，不能把你的个人期待和标准放入其中。在焦点解决理论中，对于"成功"并没有明确的定义。个案自己的看法，以及他与教练达成的约定，最终决定"梦想成真"项目是否取得了成功。

/ **什么时候庆祝成功？** /

当所设定的目标已经近在眼前，或者在迈向目标的路途中取得了重大进展的时候，就该好好地庆祝了！此时，需要把所有的关注都放在那些积极的变化上，肯定、欣赏并庆祝曾经付出的努力。这一刻，也是与支持者分享成功的喜悦以及对他们的支持表达感谢的最佳时机。

可以问问你的个案，他最想与谁分享他的成功：

"你想把这么好的消息告诉谁？你想跟谁一起分享？"

与他人分享自己的积极进展是非常有意义的，比如，分享自己设定的目标，以及已经有了哪些积极的改变等。在社交网络上分享所学到的和所经历的，可以让关心他的人及时看到并给予积极反馈。

在"梦想成真"项目即将结束的时候进行一次评估，你可以跟个案一起认真回顾、梳理是哪些事项促成了项目的成功完成；可以引导个案一起查看，他是否达成了所有约定，是否采取了所有必要的行动步骤；一起确认，最初定下的目标，是否已经实现或者更接近了。如果个案的答复是"YES"，那么就到了庆祝成功的时候了！

通常来说，年轻人对自己的成功标准极为挑剔。他们常常低估自己，甚至不太认可自己的努力和进步。此外，他们还往往不懂得如何辨识成功，看不到甚至否定自己已经成功的事实。

正因为如此，教练就需要帮助年轻个案意识到并认可他自己的成功。你可以通过一些问题，来让他清楚地看到自己有多努力，并对他竭尽所能地调用内在资源给予直接或间接的称赞，令他感受到自己的的确确成功了。例如以下这些问题：

"很多人设定了目标，但在中途都放弃了。是什么让你坚持下来的？"

"你能告诉我你是怎么做到的吗？"

"你都采取了哪些行动来接近你的目标？"

"你怎么知道什么是对的事情？"

"是什么帮助了你？"

"谁为你提供了支持？"

"即使遇到挫折，你仍然保持动力，你是如何做到的？"

在个案回答了这些问题之后，你肯定要一次次地向他表达赞美。事实上，经过这样的交流，个案会更容易也愿意接受赞美了。当他意识到并确认了自己所拥有的资源和付出的努力后，就会生出一种掌控感；这种发自内心的自豪感，会逐渐取代之前表面上的谦虚。

/ 什么时候谈论成功？/

一个人认为是成功的事情，对其他人来说也许并不能成为庆祝的理由。对于年轻人来说，成功是一种非常主观的感觉。每个人对于"什么是一个成功的项目"都有自己的定义。因此，从一开始教练就要跟个案达成明确的约定，实现目标是什么样的，这一点非常重要。

对目标的描述越清晰、越具体，越容易评估最后的结果。个案应该在项目实施之后自始至终都明明白白地知道他的期望是什么，什么时候就应该是达到目标了，以及实现目标应该是什么样子的。

这样的清晰描述能够为项目的实施提供一个稳定的框架，一个支持性的结构。为了保证项目的有序推进，在项目的初始阶段，你就要和个案一起做好计划，确定何时可以进行中期评估，顺便把目标分解成若干个更小的子目标。所有这些都可以使双方更容易也更有效地对项目的进展进行监测。个案也可以在项目实施过程中随时回答以下问题：

"你在正轨上吗？"或者"你此刻达到了自己想达到的、希望达到的或预期达到的目标了吗？"

如果对后一个问题的回答是"是的"或"差不多"，就可以谈论庆祝成功的话题了。

建议在项目启动一开始，就一起讨论如何庆祝的问题。通过描述如何庆祝成功，会引发个案对实现目标的喜悦感和自豪感。在项目实施之初讨论如何庆祝成功的细节，也是在暗示你对一定会有好的结果充满了信心。

需要说明的是，并不一定要把达到预期的目标当作项目成功的标志。你可以跟个案约定，在量表上选择一个他所期待的分值作为项目成功的节点，而并不是一定要达到满分 10 分。

甚至在项目初期确定目标之时，就不把达到理想状况设定为项目的成功标准。完美的 10 分有时也是造成压力的一个因素。只是为了完美而追求完美是没有任何意义的。追求个人的卓越，使个案成为最好的自己，足以让他在回顾整个项目时感到心满意足。

来自诊所的案例研究：凯文

教练："凯文，这个时刻终于来到了！你一直这么努力，现在目标终于实现了！你想要学会更多地为他人着想，不再经常跟别人发生冲突。你的导师告诉我，你现在已经很好地做到了这一点。你自己觉得呢？"

凯文："是的，我也这么认为！（笑容满面）我真的为自己感到骄傲，我奶奶也为我感到骄傲，你知道的。现在，我有了一份工作，不再在街上瞎混了，一切都不一样了。大家对我友善了很多，我也不再那么容易生气了。你不知道我奶奶每次看到我经过她的窗前时是多么高兴，这种感觉真是太好了。我能看到她整个人都容光焕发，有一次她都哭了，我真的很感动。她给了我一个充满爱意的拥抱。好甜蜜呀，这个老太太……（又笑了）在那之前，她总是向我抱怨……"

教练说："凯文，听起来太棒了。所以，是时候庆祝你的成功了，是吧？"

凯文："是的，我想是吧……实际上我还没达到10分呢。但我现在已经稳定在9分了。如果能一直保持这样，我就很满足了。"

教练："当然！你完全有理由感到骄傲，凯文。真的，你已经取得了很大的进步。现在，你想怎么来庆祝呢？"

凯文："老板说我可以在公司的餐厅办庆祝会。这是他跟你谈过话之后告诉我的。我觉得挺酷的！我们公司的餐厅里有一个酒吧，还有一套音响系统。但我不想搞得太闹腾，因为我奶奶一定会来的！你知道吗，她说她想见见我的朋友们。她说，他们给了我那么多支持，一定都是很好的人。听到她说这句话的时候，我都快哭了。这是真的——即使有些人的想法和我不一样——这些朋友在我倒霉的日子里帮了我很大的忙，对不起，我是说在我感觉糟糕的时候。我欠他们一句感谢，没有他们的帮助，我就走不到现在，当然还有我的奶奶。她始终相信我，也一直支持着我。"

教练："是的，凯文，别忘了还有你自己的努力。你真的很努力，所以你才能做到这些。说真的，我知道这对你来说并不容易。你所取得的成功，远不止是自己不再在街头瞎混。你接受了朋友们的帮助，仔细倾听了他们提供的建议，同时，你还改掉了吸烟的毛病。尤其重要的是，你现在清楚地知道了自己真正想要什么，什么对你来说是真正重要的事。

"我想让你知道，我多么为你感到骄傲。我很乐意参加你的庆祝会。你的老板如此善解人意，让你使用公司的场地，真是太棒了！这表明他真的非常信任你，凯文。无论如何我也不想错过这次聚会！如果这次活动需要我帮忙，任何方面，请告诉我，好吗？"

凯文："当然，我会的。谢谢您！"

庆祝成功的意义

"梦想成真"项目流程的最后一步"庆祝成功"的意义经常被低估。自我谦逊、羞于被关注，还有其他一些限制性信念，都会妨碍人们大张旗鼓地庆祝自己的成功。人们常常会把"成功"看作是天经地义的，或者是"很正常的""没什么大不了的"、不值一提的事，绝不可以拿来"炫耀"。我们一贯被教导的做人准则是：不要太出风头。

虽然保持一定程度的谦虚是必须的，但对"梦想成真"项目而言，庆祝成功远远不止是"站在舞台中央被万众瞩目"，享受掌声。没有一个人可以独自获得成功。就算是万米长跑的金牌得主，纵然是在自己的努力拼搏下获得优异成绩，他的成功也离不开身后整个团队的支持：教练，后勤人员，他的朋友和家人，是在大家齐心协力的支持下，他才赢得了奖牌。

这是团队共同努力的结果！正是因为这个原因，庆祝成功的意义远比单纯赞美冠军要来得深远。这是一个真诚表达感谢的时刻，我们应该认识到，"没有人是一座孤岛"，奖牌凝聚着每个人的贡献，每个人都发挥了自己的作用，在大家共同的努力下才取得了这样的成绩，每个参与者都有理由感到自豪，去感激他人，也接受他人的感激。当然，冠军属于运动员本人——那个实现了目标的年轻个案……但是，这个团队作为一个不可分割的整体，都对他的成功做出了贡献。

有大量的实证说明了一起庆祝成功的好处。对于每一个参与其中的人来说，对"出色地完成工作"感到由衷的满意和自豪，是非常重要的。这样的庆祝，无论是对提升个案的自信心，还是对其他参与者，都具有非凡的意义。每一次的成功都为以后取得更多的成就奠定了基础，让个案对美好的未来更充满信心。

作为教练，一个重要任务就是帮助个案对自己的成就感到骄傲，越来越接纳自己，越来越自信。帮助他不受限制性信念的干扰，允许自己去接受那些积极正向的东西，学会享受和分享它们。能够去珍惜那些对自己有帮助和有用的东西，从而获得更多的内在资源，诸如所有的体验、所拥有的技能和品质，让这些能在未来的日子里帮助到自己。总而言之，意识到并运用这些资源，可以提升自己应对未来挑战和实现新目标的能力。

> **工具箱里的工具**
>
> 花点时间和你的个案一起，回顾一下整个"梦想成真"项目的教练过程。尽可能多地参考日志（笔记、朋友圈、微博、视频……）中的记录，表扬他一路走来所取得的所有进步。

谈话指南：
- 探讨你们所关注的内容。
- 谈论那些对成功完成该项目真正有帮助的改变。
- 指出采取哪些行动可以让个案走近目标？
- 询问个案，他感到最自豪的是自己的哪些方面或者是做过哪些事？
- 想一想，支持者和其他什么人说过哪些令他难忘或最赋能的赞美。

不必说，现在不是谦虚的时候！作为教练，你可以尽情地赞美个案做得好的那些地方。有许多青少年（也有许多成年人！）羞于表达自己的自豪感，也不好意思承认自己为成功所付出的努力，教练需要在这方面多给他们一些鼓励。

庆祝成功的理由和好处可以总结如下：

- 它是对"出色地完成工作"的嘉奖。
- 它标志着"梦想成真"项目的结束。
- 它标志着一个新的起点、一个新的开始。
- 所有的支持者和参与者，都会因为他们所做的贡献被肯定和感谢。
- 它巩固了与他人的社交联系。
- 它确保了个案在出现其他状况时能够得到支持和鼓励。
- 它能提升个案的自信心。
- 它可以使个案的支持者巩固对他的信任，或重新建立对他的信任。
- 它帮助个案意识到自己的内在资源，例如技能、品质以及过往的经历。
- 这是分享成功消息的好时机。

○ 这是一个共享欢乐的时刻！

如果个案想跟支持者一起庆祝成功，可以借此之机为其规划新的行动方案。无论是做出新的承诺，还是设定新的目标，这一刻都是治愈旧伤的好时机。因为每个人都沉浸在欢快的气氛中，对个案来说，更容易为自己曾经有过的不受欢迎的行为进行道歉。

/ 感谢支持者 /

让个案对自己的成就感到满意是一件美好的事，如果他有机会跟他人分享自己的成功，这种满足感会更为加强。如果个案能够感谢支持者，并说出支持者给予他哪些具体的帮助，那么在未来有需要的时候就可能再次得到支持者的帮助。

拥有强大的、广泛的人脉对每个人来说都极其重要。如今大多数年轻人都很清楚这一点。通常，年轻人在自己的圈子里有众多的同伴，但可能会缺少一些圈外的社会联系。作为"梦想成真"项目的教练，你可以鼓励你的年轻个案去邀请他朋友圈以外的一些人做他的支持者。

扩大了支持者的网络，就等于丰富了支持的种类。这有点儿像是"有时需要一个木匠，有时需要一个管道工"。每一位支持者都可以以自己擅长的方式提供支持。当年轻人感谢他们的帮助，感谢他们为他实现目标所做的一切时，对他们而言也是一种积极的体验。感谢他人的贡献不仅能巩固现有的关系，还能改善受损的关系。

能够认识到并承认"支持者的帮助对于自己获得成功具有重

要的意义"是年轻个案在成功完成这个项目后达到的一个新境界。年轻人有理由欣赏自己的进步，更应该看到支持者的作用。在庆祝会上年轻人可以：

○ 回顾过去，为自己的成就感到骄傲；
○ 肯定自己为实现这一目标所付出的努力；
○ 感谢支持者为他的成功所起到的重要作用。

总而言之，这是表现团结最有力量的时刻，也是每个参与者为自己和他人感到自豪的时刻，这一刻属于每一个人。

庆祝的形式可以多种多样，由个案自己决定。重要的是邀请所有的支持者参加，其形式要让每个人感到自在舒服，大家一起享受成功，分享成功的喜悦。举办庆祝会的意义不仅在于个案有机会向大家表示感谢，许多参与者也会从他的经历中学到一些有用的东西。

第七章

教练的行业诀窍

焦点解决的教练过程看起来很简单，本质上也确实如此。这个方法的强大之处就在于它的简单性。底层的愿景和理论是相对直接和容易理解的。然而，若想以正确的和有效的方式运用这些概念，则需要不同的视角和范式的转换。即使你能够在某种程度上轻松地进行转换，你自身的局限性也有可能影响你的运用能力。

陷　阱

作为一名教练，你肯定会经历一些陷阱。然后，当你开始意识到它们的时候，就要学着躲避它们——这个过程需要相当的耐心以及持续坚持的学习。幸运的是，焦点解决的方法格外宽容且灵活。你始终可以在项目的推进过程中重构问题，重复某一个步骤，或者撤回它。关键是要意识到陷阱的存在，然后学会识别它们，再让一切重新步入正轨。

发现自己偏离了方向想要纠正时，只需简单地说出事实，承认你已经偏离了轨道，再引入新的干预措施就足够了。无论你想重新提出一个表述更好的问题，还是想退回到你出错之前的某个时刻，都无关紧要——焦点解决的方法及其基本原则为你提供了所有需要的工具。直接而坦诚的交流，意味着你不需要假装或者隐藏任何东西。你可以说你不知道，也可以说你刚才问了一个不合适的问题，或者其他什么，都是允许的。让自己表现得像一个正常的、有人性的、容易犯错的人，显示了你与个案之间的平等，也在这段教练与被教练的合作关系中为你们双方提供了更多的成长机会。

/ 陷阱的种类 /

在使用焦点解决的方法时，有可能掉入四种不同类别的陷阱，每种类别都有其根源。

第一类：聚焦问题

你会不知不觉地被拖进问题里，因为你的个案经常会突然大谈特谈他的问题。这也许是因为他一直在跟普通的社工或者医生打交道，仍然习惯于那种聚焦问题的对话方式；或者，他可能只是想更多地确认自己对这个问题的感觉。这类陷阱的主要表现是：

○ 过多地谈论问题
○ 查找问题的原因或来源（分析）
○ 抱怨某事或责备某人
○ 专注于缺点和缺陷（看看哪里有毛病）
○ 使用指责性的语句

第二类：错误的语言

你会陷入以问题为中心的对话里，出于你的无意识或者是因为过于随意地使用语言，也可能是你忘记将个案的消极抱怨重构为积极需求。这类陷阱的主要表现是：

○ 不准确的反转（从问题到期待的未来）
○ 使用复杂的语言

○ 毫无希望的解释（不会带来改善的希望）
○ 对个案的用词和惯用语做出个人化解释
○ 使用聚焦问题的语言

第三类：偏见
你会陷入自己的判断和信念中，迷失在个案的世界观里。因为当你看过了个案的卷宗后，很难不受到他的过往诊断的影响。这类陷阱的主要表现是：

○ 认定会遇到阻力
○ 应用不合适的理论
○ 过多的知识（预信息）
○ 强行给予解决方案，而不是共同构建解决方案
○ 认为个案需要帮助或"被拯救"

第四类：没有构建动机
这也是最常见的一类状况，在整个的教练进程中经常觉得被卡在那里，无法推进。主要原因可能是，个案还没有建立改变的动机，更没有准备好采取任何的行动；还有一种可能是，你被自己的热情冲昏了头脑，要求个案采取超出其能力的，或者还没有完全准备好的行动。也就是说，教练没有做到跟随个案的状态，"后退一步引领"。这一类陷阱的主要表现是：

○ 个案还没有准备好

○ 试图解决无法解决的问题
○ 采取的行动超出了个案的能力（推进太快）

每个焦点解决的教练都会在自己的教练实践中或早或晚、或多或少地遇到这些问题。这四种类别的陷阱也许会交织出现，有些陷阱还会不止一次碰到。但是让我们深感安慰的是，脱离它们也很容易。一旦意识到自己掉进了陷阱，只要诚实地承认，直接处理，回到正途即可。这没有什么丢人的，坦率地说出当初的方法行不通，然后请求个案放弃那个方法，请他去尝试其他方法就可以了。遵循焦点解决的关键原则，回到正途，"多做有效的事"。

/ 从陷阱中爬出来 /

一般来说，作为教练是很容易发现自己陷入某种陷阱的。比如，对话变得有些尴尬，话题被卡住了，无法展开，失去了跟个案之间的亲和关系，等等。总之，不知怎么回事，你和个案之间的"契合感"变弱了。诸如此类，这样的一些迹象都是在提醒你哪里出了问题。对于缺少经验的"梦想成真"项目教练来说，这就是一些不太顺畅的时刻，没有什么要特别担心的。几乎没有人能够完全避免陷入这样的陷阱，这些"陷阱"的出现本来就是很正常的。你只需保持冷静，开始寻找出路。也许你会意外地发现，走出陷阱要比想象得容易得多。

可以利用几秒钟的卡顿，自己做一个深呼吸，享受这片刻的安静，冷静评估当下的状况。把这一刻当作一个不错的机会，反思一下，看看自己掉入了什么样的陷阱。另一种有效的做法就是，简单地提及此刻的状况，开诚布公地谈论你们正在经历的事情。记住，作为一名焦点解决的教练，要努力做到直率，如此便可以对所留意到的事实进行毫无保留地坦诚交流，就像下面的这个例子：

"我发现我们又纠缠到问题上了……几分钟前我们谈论的是你想要的改变，还讨论得挺顺畅的。你有没有注意到，在讨论你所期望的改变时，我们都劲头十足，我们再回到刚才那个话题，好吗？这样也许可以更多地了解你想做什么。"

这样说，就可以把话题引到你想要的方向。这种做法是可行的，因为你征得了个案的许可。如果继续围绕问题进行讨论，结果只会适得其反。关于教练如何影响互动的方向，我们会在后面的章节做更多的介绍。

案例分享：布莱恩

布莱恩，一个刚满16岁的男孩，打电话询问，能否当天下午晚些时候到我的办公室见我。

我当天的预约已经排满。此前，布莱恩在没有事先告知的情况下已经错过了两次预约谈话。不过，我从他的声音里听出了他的急迫，所以我跟他说，可以在当天最后一个约谈结束后见他。他同意了，并保证会准时到。

下午3点45分，倒数第二个个案刚刚离开，我正在等最后一个个案的到来……布莱恩来敲门了。他看上去很紧张，站在门外愤怒地吸着烟，等着开门。一打开门，一大团烟雾扑面而来，我跟他打了个招呼，提醒他我们在电话里约定的时间还没到。他好像没听见我说话，径直从我身边挤进了办公室，瘫坐在椅子上。

布莱恩脱下了外套，摆出一副死活不走的样子。尽管我一再告诉他，现在还不行，可他完全不理会我的话。他在椅子上不安地晃动着身体，身体前倾，两肘支在膝盖上。他不停地摇头，使劲地吸着鼻子。过了一会儿，我才意识到"坚强"的小布莱恩正在努力忍住眼泪。很明显，他正在经历一些他无法应对的困难。

教练："好吧，布莱恩，我能看出好像发生了什么让你无法处理的事……"

（布莱恩点头）

教练："很高兴你能来这里。我这会儿能跟你讲话的时间有限。但是等下个个案的约谈结束后，我们就可以多聊一些。所以，如果你可以，在另一个房间暂时等等我好吗？"

布莱恩："嗯……嗯……可我等不及了。我现在必须和你谈谈。"

教练："可是，布莱恩，我现在有另一个个案的预约，她应该马上就到。我已经来不及打电话改时间了，因为她现在已经在路上了。"

布莱恩："哦？是吗？那现在什么更重要，一个愚蠢的预约，还是一个人的生死？现在事情就是这么严重！"

教练（有点生气了）："布莱恩，我完全理解你的感受，你认为立刻和我谈话非常重要，但现在时间不允许。那么，在接下来的5分钟里,我能为你做些什么,怎么才能帮到你呢?"

布莱恩(愤怒地大喊):"当我真的需要有人帮忙的时候,谁都是丢下我不管!我现在就走。反正也没什么用。即使他们杀了我,又能怎么样?我还有什么可在乎的?"

布莱恩就这样咆哮了几分钟。他是个聪明的年轻人,被诊断出患有边缘性人格障碍。我意识到此刻已经无法跟他正常交流了,我决定换一种策略,试着提醒他,之前我们有过交流得比较好的时候。

教练:"布莱恩,今天早上你打来电话预约的时候很有礼貌。你听起来也很镇定。虽然我确实没有时间能够马上见你,但我保证下午的约谈结束之后与你见面。你记得你还谢过我吗?"

布莱恩:"是啊……那又怎样?"

教练:"嗯,那时你很冷静,很有礼貌。这也是我愿意和你见面的原因之一。我有一个建议,我们还是按照今天电话里约定的时间进行,可以吗?你可以在隔壁的房间等候。那里有书报可以读,你也可以玩电脑,这样你也不会无聊。等我这边结束了,我就陪你,好吗?"

布莱恩稍微平静了一些,他朝门口走去,闷闷不乐地为刚才敲门的女士开门。她用友好的语气感谢他为她开门。布莱恩点点头,愁眉苦脸地走进等候室坐下。

在接下来的一个小时里,我把全部注意力都放在了我的女个案身上,让布莱恩安静地等待。约谈结束,将女个案送走后,我去找布莱恩。

教练:"好了,布莱恩,现在是我们俩的时间了。进来找把椅子坐下，我要先泡杯咖啡，我们可以想谈多久就谈多久。我很感激你等着我做完上一个约谈。现在，我可以踏踏实实地和你说话了。布莱恩，告诉我，发生了什么事？我能为你做些什么？"

你应该能够理解，当布莱恩打来电话时，我（卡罗琳）对他的态度是有所保留的，因为我当天的工作已经排满了，再接受他的预约是一个相当大的挑战。另外，我也没有忘记他之前的两次爽约。此外，我知道布莱恩非常喜欢夸大其词，他能把每件事夸张成好像是一出大戏，而实际上那只是他自己的想象。

基于这样的情况，对布莱恩保持开放的态度对我来说是一个挑战。反过来，布莱恩也非常敏感和聪明，能立即察觉到这一切，从他混乱的恐慌状态中可以窥见一斑。在这种情境下很容易发生意外冲突，幸运的是，我意识到了我们互动中的能量流动。为了避免冲动中对布莱恩加以指责，我把话题引回到那天早些时候我俩在电话里的沟通上面。我提醒布莱恩我俩之前的交流是较为顺畅的，并对他进行了表扬，我的语气也变得平和。布莱恩的对抗情绪渐渐缓解，他放松下来。

突然掉入某种陷阱的情况随时都会发生，即使是经验丰富的教练也在所难免。我们都是凡人，但是资深的教练能够迅速意识到发生了什么，并知道如何快速地回到正轨。这时需要做的，是提出恰当的问题，给予赞美，把握时机……实际上，就是察觉之后重建亲和关系。如果能够放下个体评判，把个人的成见放在一边，将有助于及时重建亲和关系。

当然，我那会儿是有些心烦的，因为我认为布莱恩应该跟其他个案一样，得遵守约定。好在我已经学会了自我察觉，意识到自己是带有成见的，而这种成见对于与布莱恩的互动毫无帮助，所以我必须抛掉它。之后，我就很容易地和布莱恩重新建立了联结。

也就是说，有的时候，你需要把你自己原本的既定规则暂时忘却，不管它们看起来多么重要。那个当下，使用焦点解决的方法回到正轨并修复联结，应该是更为有效的策略。保持察觉，及时修复关系，可以保证我们与年轻个案的"梦想成真"项目合作取得丰硕的成果。没有相互信任，是不可能合作顺利的。

工具箱里的工具

任何事物都是有其积极的一面的。比如个案所流露出来的那种抵触的负面情绪，如果你换个思路，可能就会从中看到积极的意义。

- 愤怒的——我参与其中，对这件事充满激情。
- 悲伤的——我能够表达我的感受。
- 张狂傲慢的——我有勇气为自己挺身而出。
- 沉默的——我很慎重，花时间思考我的立场。
- 过度活跃的——我精力充沛。
- 抗拒的——我完全有能力决定什么是最适合自己的。
- 夸张的——我有表演欲。
- 混乱的——我在同时处理很多事情。
- 害怕的——我会提前做计划，设想可能的后果，并保持警觉。
- 懒惰的——我在保存实力。
- 害羞的——我可以远距离观察。
- 撒谎——我有丰富的想象力。
- 不信任的——我很警惕。
- 主导的——我是一个好领导。
- 要求别人关注——我希望别人看到我，听到我的声音。
- 固执的——我有自己的见解。
- 鲁莽的——我很勇敢。

- 偏执的——我沉迷于细节。
- 喋喋不休的——我这是内心流露。
- 心怀敌意的——我只相信值得信任的人。
- 操控型——我非常想要达到我的目标。
- 害怕失败的——我真的想把它做好。
- 恐吓式的——我想按照自己的方式去做。
- 抑郁的——我对事情想得太多，而且我很敏感。

做"梦想成真"项目的团队教练

"梦想成真"项目既适用于辅导自愿参与的个体，也适用于企业机构中的部门集体。

尽管志愿者个体与团队集体之间存在着显著差异，但在运用"梦想成真"项目流程进行教练时所遵循的原则是基本一致的。最重要的一点是，无论是哪种类型，参与者都应该是自愿的。如果忽略了这一点，就会面临一个风险，即把"梦想成真"项目变成控制参与者的工具。

在一个青少年护理中心就曾经发生过这样的情况。这是一个封闭的护理中心，里面的青少年们为了完成某些规定行为或争取某些特权而讨价还价，几乎要把管理者逼疯了。比如，他们会为"饭后如果帮忙洗碗可以换取额外的上网时间"计较到是洗一只杯子或一个盘子。很显然，这并不是"梦想成真"项目的教练想要看到的，但这就是当时的真实状况。就参与者的个人发展而言，这样的做法对他们没有任何帮助。之所以出现这样的状况，主要原因是个案并没有为自己的问题负责，也没有为解决方案负责。

如果你打算做像这样团体的"梦想成真"项目的教练，首要任务就要确保所有参与者的基本态度是焦点解决式的，然后带动团队成员转变心态，努力去承担责任，承认自己的问题。

毫无疑问，只有当管理层和团队成员都愿意且能够改变他们的思维方式时，每个人才能通过这一项目获得真正的改变和成长。

作为项目的团队教练，非常重要的一点就是去引导整个团队成员的心态。你可以通过一些有意义的活动带动团队成员彼此欣赏和相互支持，从而在团队内部营造出合作氛围，每个人都看到他人的进步，感谢他人的支持，而不是与他人比较个人的成就。你可以让团队成员明白，犯错误和经历挫折是学习过程中难免的事。你可以为大家树立一个榜样，让大家看到，你也必须尽最大的努力来学习新事物和实现目标。你还可以让大家看到，随着技能的改善或提高，做事情会变得越来越顺利。你可以鼓励团队成员尽最大的努力，坚持不懈。你可以明确地告诉大家，每个人毫无例外地都可以在某些方面做得更好。你需要带领团队一起聚焦那些"曾经行之有效的、未来还可能会再次奏效的做法"。

/ 为实现团队的共同目标而努力 /

做"梦想成真"项目的团队教练，任务之一就是让团队成员通过合作实现一个共同的目标。这个目标可以是团队成员自己提出的，也可以是由团队负责人提出，他希望他的团队在某一方面做出改变。如果团队的目标是由团队以外的人提出，那么你首先要做的是花时间建立团队的集体动机，请参考"梦想成真"项目流程的第 2 步，或者提升动机五大要素的第二条——挖掘目标的好处，这些适用于个人教练的原则同样适用于团队教练。

做团队教练可能遇到的挑战之一是如何就共同目标达成一致。有一种方法是通过民主决策，少数服从多数。然而，充分的讨论和适当的妥协也是不可缺少的，从而找到一个团队成员都能认可的目标。

重要的是，要意识到增强团队成员动机的重要性。你可以使用很多方式激发团队成员的动机，带动每个人热情参与。哪怕只是一起做"头脑风暴"，讨论可能的工作方式，以及如何记录和监测项目的进展，也会非常令人兴奋。为保证每个人的积极参与，在团队成员人数太多时可以分成小组进行小组讨论，再集中讨论，这样可以让每个人有机会表达自己的意见。

教育领域的个案研究：美术课

美术课上，老师给学生们布置了一项作业：画一幅自画像。有些学生马上就开始动笔作画。但也有一些学生踌躇着，似乎没有什么兴趣。

学生 1："怎么画自己啊？我画不出来啊。谁能给我画一个身体？"

学生 2："看着镜子画就行了呀，笨蛋。"

学生 1："你先管好自己吧！"

学生 2："你就不该问这个问题，傻瓜！"

老师："好了，孩子们，有什么问题吗？"

学生 1："我很愿意画自己，但我不知道怎么画。你能不能给我一个模板，让我可以照着画？"

学生2："哈！哈！哈！这真是个好主意！谁都可以使用模板，那有什么意思呀，那样的话做这个作业就没什么意义了。至少我看不出来。"

老师："好啦，好啦，我们先花点时间一起讨论一下这个问题吧。你们觉得我们为什么要画自画像？"

学生1："这样我们就能学会画人物了？"

学生3："可以让自己想想，自己到底看上去是什么样的？"

学生2："是的——或者自己认为自己看起来是什么样！"

老师："这真是一个有趣的问题。你觉得你看起来是什么样？你觉得你自己的样子和别人看到你的样子是一样的吗？"

学生2："哇，太深奥了！但也很有趣。我认为我自己的样子，和别人看到的我是不一样的。"

老师："先好好想想这个问题，再把自己的样子画出来，看看会不会有助于回答这个问题。"

学生2："我想是会有帮助的。这取决于你心中认为的自己的样子。"

老师："做这样的思考对你们来说重要吗？"

学生3："当然！我们已经在做这样的思考了。某种意义上说，我们每天都在思考这个问题。我的意思是，我们选择某种款式的衣服，或者某种品牌，不都是出于自己想要某种形象吗？"

一场热烈的讨论就此展开，学生们在探讨，一个人的自我形象设定是如何影响他在其他方面的选择的。他们还会不时地开些玩笑，也一次次地提到"自我形象"这个概念，讨论中充满笑声。趁学生们讲话的时候，老师静静地在桌上摆出各种材料：纸、马克笔、颜料、胶水、杂志、布片、色样以及一台摄像机和一台数码相机。她还把笔记本电脑放在了桌子中间，连上了互联网。

看到老师摆放的这些物品，学生们停下讨论开始提问这些物品的用途。老师解释说，学生们可以自行选择这些材料，帮助他们画自画像。

一个学生问："老师，我们可以把这个作为小组作业来做吗？"

老师回答："为什么不可以呀？这是一个好主意！"

几分钟后，小组成员一致决定把老师最初给出的这个简单的绘画作业，变成一个合适的项目，制作一个视频发布到YouTube上。

动机被调动起来了，合作也由此产生了。学生们立刻开始制定计划，分配任务，每个学生都找到自己擅长和喜欢的事，有的人似乎是天生的领导者，而有的人能够很自在地寻求同伴的帮助，完成分配给自己的任务。

当遇到自己不能马上解决的问题时，学生们就会征求老师的意见。一旦问题在老师的帮助下获得解决，学生们就又开始投入各干各的工作。铃声响起，下课了。

/ 在团体中实现个人目标 /

如果团队成员的个人目标不尽相同，作为这个团队的项目教练，你与每个成员的工作方式与一对一个人教练的工作方式相类似，只要确保每个成员能得到他们所需要的关注和支持即可。

让团队教练感到欣慰的是，团队成员可以自动成为彼此的支持者。每一位团队成员都能在项目流程的进展过程中以最好的方式支持他人。你甚至可以邀请之前接受过一对一辅导的个案加入你教练的团体，以分享他在"梦想成真"项目中的成功经验，来鼓励团队成员。

团队成员在集体环境中努力实现自己的个人目标，同时与他人合作去完成团队目标，每个人都可以从其他成员那里获得宝贵的支持。团队中的每个人都在处理自己的问题，每个人都有自己想要实现的目标。每个人在参与"梦想成真"项目中由衷感叹："我们相互支持，一起学习和成长！"

/ **教练的角色** /

需要再次强调的一点是，"梦想成真"项目的进展过程以及最终成果在很大程度上取决于个案自身的付出和努力情况，以及作为教练，你和他之间的合作水平。

作为"梦想成真"项目的教练，你最重要的引导方式就是简单的提问。为此，在随附的《"梦想成真"自我教练手册》中，列出了一系列相关问题的汇总。不过，需要提醒你的是，这些并不是所有的问题，也不代表你只能问这些问题。

在合适的时机提出合适的问题，能够让约谈顺利地进行。尽管如此，整个约谈的话题方向和进程还是由个案来主导。你的任务很重要，但也很有限。事实上，你越不被需要越好。如果你坐在椅子边上，急切地想帮助个案，这时候记得提醒自己要放松，身体可以适当向后靠一靠。个案比你想象的更会照顾自己。

中国的功夫明星李小龙曾经说过一句话，令人印象深刻。

这句著名且发人深省的话是在提醒我们，作为教练，要尽可能地隐身，就像武功高手那样，过雪地而不留任何痕迹。然而，说起来容易，做起来难。作为一名教练，出于好心急于提供帮助，会很容易陷入"救世主式的陷阱"。如果你过于努力地帮

> 一个好老师绝不是教条的。他拥有一颗敏感的心，每时每刻都在不断地变化和调适。老师绝不能强迫学生按照自己喜欢的方式行事。一个好老师会保护学生不受他的影响。老师从来都不是真理的给予者：他是一个向导，一个指向真理的指针，每个学生都要为自己找到答案。我没有教你任何东西，我只是帮助你探索你自己。
> 李小龙（1940—1973）

助个案，会让个案觉得是自己不够好，是自己没有能力，这会在无意中剥夺个案的独立性。

跟年轻个案一起工作的时候，经常会出现冷场，或者得到"我不知道"的回应，这是非常正常的。这时，你可能会感觉有些不安，忍不住想要提供帮助，也正因为如此，作为焦点解决教练，有必要了解教练的不同角色。

作为教练，主要的角色是扮演一位能够提供帮助的向导。教练的基本态度是，把个案看作平等的合作伙伴。教练的任务是跟随个案，而不是领导个案。可是，为了能够与个案有效互动，仅仅是"平等的伙伴"还是不够的，还需要仔细研究各种不同的教练能力。

作为"梦想成真"项目的教练，在运用这一项目支持青少年实现目标的过程中会涉及四个不同领域的能力：教练、引领、训练和指导。虽然教练的职能——问出强有力的好问题——完全符

合焦点解决工作的框架，然而根据我们与青少年群体工作的经验，仅有这一职能是不够的，还需要补充其他的职能。在执行"梦想成真"项目流程中，教练要使用任何有效的方法帮助青少年从问题的泥潭中爬出来迈向他想要的目标。需要引起注意的是，引领、训练和指导个案，往往意味着置个案于"非权威"的位置，这些做法也许不能算作是"纯粹的"焦点解决的工作姿态。一旦教练开始做教练以外的事情，个案与教练间的平等关系就有被破坏的风险，因此需要格外留意。

引领

作为"梦想成真"项目教练，你可以运用你的专业知识来引领个案，让他知道他需要做些什么才能实现他的目标。你可以帮他厘清期望，或者请他自己做出选择。引领还包括确保完成项目的所有步骤、把握约谈时间——你需要管理整个流程的执行过程。

训练

你要帮助个案掌握新的技能，你要鼓励他反复练习所学到的技能。给他时间来反思你的积极反馈，为他提供自我完善的可能性。

指导

你可以为你的年轻个案提供一些他尚不了解的一些必备知识或信息。你需要为他做一些必要的解释，看看他理解了多少，是否能够将这些应用到他的生活中或这个项目中。青少年大多都是通过同龄人或者互联网来获取信息，也许，你会发现自己对年轻人的世界不太熟悉，有些信息或重要议题完全不了解，此时你正好可以填补这些空白。

工具箱里的工具

"梦想成真"项目教练的四个功能角色

1. 教练
- 帮助个案朝着他想要的未来前行。
- 帮助个案制定他想要实现的目标。
- 挖掘曾经有效的做法，并将其可视化呈现。
- 帮助个案回顾以前的成就。
- 帮助个案选择可能的后续行动方案。
- 确认个案的进展并监测其进度。

2. 引领
- 以积极的语言阐明你的意图和期望。
- 请个案思考如何实现预期结果。
- 如有必要，耐心重复并厘清个案的期望。
- 认可并认真对待个案的观点和反应。
- 态度友好，思路清晰。
- 理解个案，并适度坚持自己的想法。

3. 训练
- 向个案传授新知识和技能。
- 让个案自行决定是否使用以及如何使用所授技能。
- 关注实用性，提出关于实用性的问题。
- 基于个案现有的技能和认知做进一步拓展。
- 将"抵触"情绪看作试图合作。
- 提供积极反馈。
- 提供建设性的改进机会。
- 让个案做自我反思。

> **4. 指导**
> - 当个案还不知道你的意图,并缺乏必要的信息或经验时,给予适当的指导很有帮助。
> - 用积极的语言解释你的意图和理由。
> - 探索个案的资源,并加以利用。
> - 尽可能让个案做主。
> - 尽可能尊重个案的选择。
> - 以简单和鼓励的方式耐心地与个案沟通。

尽管后面的这三种功能(引领、训练和指导),从根本上来说不是焦点解决的做法,但是它们与你的教练约谈效果相关,也是可以实际操作的。引领、训练和指导在一定程度上限制了个案的自主独立性,所以当你这样做的时候,要先征得个案的许可。然后,使用积极的语言向个案解释,你这样做出于对他的帮助。最后,你必须确保把对个案自主性的干扰程度降到最低,使他能够尽快再次获得自我掌控感。

/ **教练的局限性** /

"梦想成真"项目的教练方法,并不能保证解决青少年面临的所有问题。在某些情况下,还应该避免使用焦点解决的方法,或者至少在一开始是不使用的。在以下四种情形,需要采取其他方法,或者至少在最初需要采取其他的干预方法:

1. 极度紧急或危险的情况。
2. 身体有器质性健康问题时。
3. 技术问题。

4. 其他标准处理流程已经被证明有效时。

当然，当个案陷于深深的绝望，想要伤害自己，或者有自杀倾向时，跟他谈论未来是没有帮助的，甚至是危险的。从个案的角度来看，当下唯一合适的做法就是帮助他脱离痛苦。

作为一名教练，你应该对自己的局限性以及你自己的教练风格有清醒的认识。如果对自己的能力有所质疑，转诊是最好的做法！把你的个案介绍给医生、心理健康权威机构、医院、私人诊所或其他能够为其提供更多帮助的专业机构。

转诊通常被个案和他的父母视为有一定风险。作为焦点解决的教练，你要做的可能就是协助他们放下包袱去接受专业救助。理解他们的担忧，了解他们对现状的看法和感受，辅助转诊过程尽可能顺利地完成。许多情形下，你还可以继续用焦点解决的教练方式跟个案一起工作，减轻他们对自己的羞愧感，以及对专业救助后果的恐惧。转诊是一种根本性的干预，所以你的同情和理解将对个案有所帮助。

/ 关注当下 /

相比任何其他形式的教练或治疗，焦点解决的工作都更注重当下。作为一名焦点解决教练，不管你处理的是什么问题，都要少去关注过去发生了什么。只是在教练的初始阶段，为了理解个案的困扰，才对以前的事件做一些回顾。这样做也是对个案情感需求的尊重。每个人都想讲述自己的故事，都有被倾听和被理解的需要。原则上讲，使用焦点解决的方式帮助个案成功走出困境，可能不需要去讨论个案的问题。然而通常的状况是，那些问题不可避免地一直吸引着我们的注意力。

个案需要把情绪表达出来，并不意味着作为教练的你就要被卷入这些情绪中。通常，你只要给他们一些空间，并认可这些情绪的合理性就足够了。用专业的术语来讲，你要做的就是"保持空间"（holding space），即全身心地保持当下，与个案在一起，专注而真诚地倾听个案的分享，给个案所需要的理解和支持。很多时候，你在倾听的同时，头脑中会不自觉地生出各种联想或评判，甚至忍不住去思考下一步要做什么，这是很正常的，但你的个案会感受到你的"游离"状态。他会根据自己的经历、感受或认知有意无意地对你的"暂时性缺席"做出自己的理解或解读。

真正地保持当下，全然地关注，可以解释为："倾听者就在这里，在倾听你的心声。"而你发出的唯一信息是："此刻，我跟你，就在这里。"这一信息既是建立信任关系也是展开交流的基础。此刻你要做的就是提出问题，而不是给出答案。

> 你不能教给任何人任何东西。你只能帮助他们找到自己的出路。
> 伽利略（1564—1642）

/ **处理情绪** /

为个案的感觉和情绪留出空间，并不意味着让互动在这个空间里变得复杂。留出空间始终是有一些风险的。例如，一不留神就会从体验情绪和感受转为抱怨，甚至开始对导致问题的他人进行抱怨。总而言之，需要适度保持空间。

这就提出了一些问题：如何掌握这个尺度？多少是"适度足够"的空间？你如何知道你已经就个案提出的问题给出了适度的关注？这是些不容易回答的问题。每一次教练约谈，每一次对话，甚至每一个个案都不相同，其需求也都不一样。然而，有几个清晰的指标可以帮助你意识到，你已经给出了"适度足够"的空间，到了改变互动方向、转向运用焦点解决方法的时候了。

最明显的一个指标也许就是"听到了重复"。当你听到个案开始重复自己的故事时，你就知道，这个个案已经没有什么新的要诉说的东西了。不过，需要提醒的是，"听到了重复"也有可能表明你做得不够，没有让你的个案感到被倾听。

第二个指标是，你的个案开始长篇大论地谈论那些与问题无关的事情了。他开始分享一些跟这次教练约谈不相关或者有些无聊的内容了。

第三个指标也非常有用，就是你发现个案开始抱怨问题，而不是谈论感受了。对于焦点解决的教练来说，这意味着是时候做出改变了！此刻，正好可以开始"反转问题"，详细了解个案所期望的情况是怎样的，个案想要在未来有哪些不同。

防止事态升级（问题在抱怨中变得更大、更严重）的一个有效方法，是对个案的抱怨不做直接回应。在这种情况下，"不回应"只是为了防止问题变得更大。你可以将抱怨看作个案真的想要做出某些改变的信号。

一个来自教育领域的案例研究：

学生（18岁）："这学期的统计学课程我只拿了个F，气死我了。我真的快疯了！就因为这个F，我的学分不够了，可能要重修整个学期！我知道，我确实没有好好准备这次考试。可是，都怪这个老师，他根本就不喜欢我，经常挖苦嘲笑我。他简直就是××。他太可恶了，居然给了我一个F，我通常的分数要高得多。你信不信，要是有机会，我肯定会报复他的。"

这个学生的行为就是一个典型的抱怨者案例。他所表达的这些感受并不都与问题直接相关：他抱怨老师，指责老师，推卸自己的责任。这个学生似乎陷入了抱怨和责备的情绪中，还没有把注意力放在如何改变现状上。

现在，让我们看看面对这样的抱怨，作为焦点解决的教练如何在恰当的时机引入焦点解决的方法进行干预。

学生（18）："这学期的统计学课程我只拿了个F，气死我了。我都快疯了！就因为这个F，我的学分不够了，可能要重修整个学期！"

教练："这的确会令人很生气，我完全理解你的恼怒。你也没有想到会是这样的结果。但我知道，你以前处理过类似的状况，而且处理得还不错。你现在有什么想法吗？你想做些什么吗？"

学生："对此我只能接受啦，下个学期好好复读。另一种可能性是……或许，我可以和我的导师，还有统计学老师讨论一下这件事。要是我告诉他们我的情况，没准儿，他们会做一些适当的安排。要是我能得到补考的机会就太好了，我肯定会好好准备的。"

教练："很好，听起来这两种办法都不错。看来你是真动脑了，发现自己并不是只有一种选择。你决定选哪一种了吗？"

学生："嗯，我真不想要这第一种选择……"

教练："我能理解你的感受，你并不喜欢第一种选择！但是你也不知道到底会怎么样，也许第一种选择会有一些好处。"

学生："是的，你说得有道理，我们还是先分析一下。"

在上述对话中，面对学生停不下来的无用抱怨，教练在恰当的时机插入适当的问题，从而把学生的关注点从对未来的恐惧转换到如何对状况加以改善上。

作为教练，要带着警觉去疏导年轻个案的情绪。青少年正处于心理和身体的快速发展阶段，经常会经历情绪的疾风骤雨，被诸如暴怒、怨恨、抑郁、孤独、自卑等情绪所困扰。他们通过自己的行为以及他人的反应来确认"我是谁"，有时并不能意识到这些激烈的情绪在某种程度上遮蔽了他们对现实的感知。当你把他的注意力拉回到当下的相关议题时，他的那些爆发的情绪就会慢慢平复下来。

人类的情绪就像海浪，有高有低。通常，处于强烈情绪中的人无法看清事情的"真相"，他们对在那一刻做出的决定事后往往会追悔莫及。在这些情绪的波涛里卷入了太多有关过去的回忆或对未来的投射。他们的头脑中都是一些已经发生的往事，或者是想象中未来某个时刻可能会发生的事，这就令他们无法关注当下，即使关注，也是非常短暂的。在情绪的波峰退去之后，他们才能对整个事件有后知后觉的清晰理解。

为了说明情绪的影响，请你想象一艘在飓风中航行的小船。

滔天巨浪把小船抛来抛去，小船时时有被海浪掀翻的危险。此时船长只能拼尽全力与巨浪激烈搏斗，只求让小船不沉，完全谈不上成功地驾驶小船驶向目的地。这就是被强烈情绪控制的结果，汹涌的情绪浪潮淹没了理性的思维，处于混乱中的"小船"，被巨浪推来推去，失去了控制。然而，只要掌控好船只的平衡，等待风暴过去，小船终将平稳前行。

正念练习

"正念练习"是一种练习活在当下的简单方法，可以用于许多不同的情况。

一种做法是，练习在行走（骑自行车、开车）的过程说出映入你眼帘的所有东西。你可以在心里默念，也可以大声说出来。如果环境允许，大声说出来的话，效果会更好一些。如果一下子想不出看到的那个东西叫什么名字，就用"那个东西！"来代替，而不用停下来在脑海中寻找正确的词语。每天至少练习5—10分钟。

如果你发现自己走神了——"……椅子、桌子、窗帘，哦，天哪，它们该洗了……"——就赶快回过神来接着说出你看到的东西，而无须做任何判断。

你可以把它当作一项独立的日常练习，也可以把这个练习融入日常生活，比如打扫厨房、换床罩、骑车上班、乘公共汽车等时候。

看看连续几天或几周这样的练习之后会有什么效果。可以把你的观察和发现记录下来。

/ 是帮助，还是邀请？/

在解释如何与年轻人一起实施"梦想成真"项目流程时，我们通常会使用"帮助当事人……"这样的描述。需要说明的是，"帮助"一词的用法也许不够精准，因为教练起到的更多的是支持和协助作用。作为焦点解决教练，要尽可能地把个案当作平等的伙伴，你只是他的帮手。他的问题，他对未来的梦想，以及目标和解决方案，都是他自己的事。作为教练，你只是跟随他的进程，就像站在他身后一步从他的肩膀上看过去一样。这么说有点儿太简单了，也许可以用一个例子来阐明这个理念或者这种工作方式。

让我们想象帮助孩子学习骑单车的过程。开始的时候，你要扶着他练习蹬车，帮助他找到一些骑单车的感觉。一段时间以后，你扶他上车推他一把向前之后，就逐渐松开扶车的双手，让他尝试独立骑车，你紧随其身后，带着一点自豪不断地给他鼓掌；看到他骑着车子摇摇晃晃地离你越来越远的时候，你又有些担心……经过不断练习，孩子变得越来越自信了。

终于有一天，你和孩子都觉得他可以骑车上路了，你决定陪着他一起骑车去上学。你控制着车速，让你的前车轮紧随在孩子的后车轮的后面，和他一前一后地骑着。孩子骄傲地骑在前面，你一路鼓励和赞美着他。偶尔一不小心你骑得快了点，骑到了孩子的前面，他立刻慌张起来，仿佛失去掌控感："妈妈（爸爸），你太快了！我跟不上了！"你赶忙放慢车速，孩子也松弛下来，再次感到信心百倍……

跟在孩子的单车后面，即使只是距离几步远，他也会感受得到你的支持，生出强烈的掌控感和自信心。当你领先孩子哪怕只有半步，支持感也会变弱，甚至会消失，让孩子对自己的能力产生怀疑，所谓"站在孩子身后一步支持孩子"的道理就在这里。

来自诊所的案例研究：乔希和玛莎后面的故事

又到了与玛莎和乔希的约谈时间了——你们在这本书的前面已经认识这兄妹俩了。两周前，他们要求一起前来约谈。除了5个月前的第一次见面——那次他们是跟着他们的母亲一起来的，这段时间他们一直都是分别单独来见我（卡罗琳）的。这次是他们主动要求一起来的，我感到很好奇。

这段时间以来，乔希已经做出了积极的改变。他现就读于某个技术专科学校。在学校的帮助下，他在当地一家大型自行车店找到了一份工作，积累了一些工作经验。

在过去的来访中，有好几次他满怀热情地谈到自己正在学习的东西，提到很喜欢那里的工作环境。乔西喜欢社交，所以在与顾客和同事的日常互动中感到非常自在。他也从修理自行车的工作中获得了极大的乐趣，并且感受到老板和顾客对他的赞赏。他的老板对他很有信心，学校的报告上也显示出他进步飞快。

乔希告诉我，家里的情况已经大有改善。他和妈妈的关系变得轻松了很多。他理解妈妈工作辛苦，妈妈靠着一己之力养家糊口，非常不容易。他说，他们现在会经常一起谈论他的父亲。父亲的过世曾经给这个家庭留下巨大的空白。对乔希来说，失去父亲的痛苦，也是他把自己的情绪发泄在家人身上的原因之一。在很长一段时间里，跟他谈论他的父亲以及他内心的悲痛几乎是不可能的。

教练："乔希，你现在怎么样？"

乔希："挺好的，教练。我们现在居然能经常谈论我的爸爸。有时候，我们甚至还会因为聊起爸爸在世时发生的一些事而笑出来。我们有时会笑，有时会哭，有时会又哭又笑，你懂的……其实很多事我都忘了，但有些事情聊起来还是挺好的，尽管有时我也会为此感到难过。"

教练："我能想象出来，乔希。你觉得那样的聊天对你有帮助，是吗？"

乔希："是的，有帮助。我感觉还挺好的吧。"

玛莎："没有啦，也不总是这样。有时候你心情不好的时候，也会生气，然后走开。"

乔希："好吧，我承认。不过，这也正常，不是吗？你也不总是兴致勃勃的，对吧？但我现在至少不会再对你发脾气了，是不是？"

玛莎："是的，你现在不对我发脾气了。"

教练："玛莎，你有什么变化吗？"

玛莎："嗯，跟乔希的情况差不多。现在，我们有时会谈论起爸爸。我们三个人会分享关于他的故事，那些爸爸活着的时候发生的事。有时我们会一起看以前的度假照片。哦，是的，最近我们甚至和妈妈一起看了一些爸爸的东西。"

教练："这些对你们有什么帮助吗？"

玛莎："是的，我们现在更能彼此坦诚相待。以前我们都不想让别人知道自己为什么烦恼。我自己以前也不想说这些，是因为乔希总是很容易发脾气。那时候妈妈也不知道该怎么应对他,他们朝对方大喊大叫。然后我就好像被夹在中间,感到特别孤独和难过,所以我就不说话。可是,即使我什么都不说,乔希也会来找我的麻烦……我感觉自己就像个沙袋,你知道我的意思。"

乔希:"哇,你也太夸张了。肯定没那么糟糕吧?"

玛莎:"怎么没有?!"

教练:"好吧,你们现在怎么样了?跟你们第一次来这里的情形相比,有什么不同吗?"

(沉默。兄妹俩羞怯地交换了一下眼神。)

玛莎:"嗯,有很多的变化。几乎不会再有冲突了,除非乔希偷了我的东西,我就会生气。连我妈妈都说他不应该进我的房间。"

(两人都笑了,开玩笑地互相踢对方。)

教练:"乔希,你呢?你有什么改变?"

乔希:"嗯,所有事情都不一样了。我现在也愿意做事了。"

教练:"哇,太不简单了!你们不再争吵了。乔希又有了做事的动力。我看到你们俩像朋友一样开玩笑。你们的妈妈呢,她觉得如何?"

两人同时:"她觉得好!"

玛莎:"妈妈上周说,现在和六个月前相比,变化很大。很多时候,我们只是待在一起就感觉很快乐。"

玛莎这么主动地参与对话还是非常令人惊讶的。记得第一次约谈时,总是乔希在主动说话,玛莎看上去非常胆小。我称赞她在这次谈话中很主动。

教练："玛莎，你今天在这里的表现让我很高兴。你确实做到了更多地表达自己。可以告诉我你是怎么做到的吗？在我们的邮件中，你曾经简单地提到这一点，我现在真的很高兴看到，你掌握了自己的主动权。你是怎么做到的？"

玛莎："首先，也是最重要的一点是，乔希不再那么讨厌了，所以我就敢说了。还有，我也为自己设定了目标——'敢于为自己发声'。你当时建议我列个清单，还记得吗？我把为了做到'敢于为自己发声'要学习的技能都列了出来，这对我真的很有帮助。"

教练："你能再多说一点你的清单吗？"

玛莎："哦，我列了太多的技能了，多得我都数不过来了。我想至少有 30 个吧。大部分我都已经掌握了。我发现这事儿学起来没那么难。"

教练："你还记得你最开始做的是什么吗？"

玛莎："记得，我想是——我得让别人听到我的声音。"

乔希："没错，她练习哈哈大笑。她经常对着镜子练习，有时候还会尖叫，听起来太可怕了……"

（乔希翻了翻眼睛。看他那个样子，我们都笑了起来。）

教练："如果我没理解错的话，你是在用心琢磨到底怎么才能让别人听到自己的声音。这个练习过程很值得的，不过看起来，别人有时还得稍微忍耐一下，是吗？"

玛莎："没错，而且很快就看出效果了。开始的时候他们都不习惯我变了个样子。"

教练："乔希，你妹妹发生了这么多的改变，你有什么感觉？"

乔希："我不得不学着适应呗。不过，我还记得那个过程，真觉得挺酷的。以前她总是哭，像是一个软体动物一样。我其实就是为这个生气。我觉得她太软弱了。当她不再那样的时候，事情就不一样了。"

教练说："看到你们今天的这个样子，真是太棒了！我想让你们知道，我很高兴看到你们的改变和成长。我觉得我几乎不需要再做什么了。玛莎，你在邮件里很认真地告诉我发生了什么。所有这些电子邮件，就是你记录整个成长之旅的日记。

"还有，乔希，你经常来我这里。就像你自己说的，你不擅长写东西，但是你让我及时了解了发生的一切，也算是很好地记录了这段旅程。我和你们的学校也有很好的联系。我觉得你们俩在这么短的时间内都有了很大的提升。你们克服了很多的困难，才变成现在这样。在剩下的时间里，你们还有什么需要和我讨论的吗？我们刚才一起回顾了你们之前的努力过程——这对你们俩有帮助吗？"

乔希："当然，我认为我们已经谈论了最重要的事情……"

玛莎："嗯，我觉得，我还有些事没有提到，不过，我们在电子邮件中都说过了。今天我们能一起来见你，当然感觉也很好。对我来说，这是一个完美的句号！"

教练："太好了！是的，你们是一起约的。我们现在还剩一些时间，你们还有什么要讨论的吗？"

（他俩互相看着，都笑了，好像在说："是你说，还是我说？"）

玛莎："好吧，我来说吧。我们想和我们的朋友一起做这件事，可以吗？"

乔希："嘿，傻瓜，你得先解释一下你在说什么事吧？"

玛莎："哦，对对，在参加这个项目的时候，我们实际上也和我们的朋友聊了很多，尤其是关于支持者这方面的，当然也和其他人聊过。他们都很好奇，问了各种各样的问题。我们给他们看了工作手册，里面有很多好问题。我们可以和我们的朋友们一起做吗？我们很想这样试试。"

教练："当然可以。你们想怎么跟朋友们一起做呢？有什么具体的想法吗？"

乔希："我觉得，我们首先得想出一个共同的目标。"

教练："是的，这是一种做法。也可以让每个人设定一个个人目标，然后大家组成一个团队，相互支持，一起努力。我们可以坐到那张桌子旁边，一起头脑风暴，找到一些有创意的点子，怎么样？"

玛莎："我们可以跟朋友们也这么做吗？"

教练："为什么不能呢？我觉得可以。"

乔希："如果我们有问题，可以用电子邮件或者社交软件跟你联系吗？"

教练："你们觉得呢？这对你们有帮助吗？"

玛莎："有啊，肯定有的。我们现在知道这个项目是如何运作的了。再想一想啊，看看我们是不是忘说了什么？"

乔希："没有，我没忘，我正准备要说呢。"

教练："啊，你指的是你们的庆祝会？我怎么会忘记呢！不过，我很高兴你现在就提起这件事。"

乔希："就像一开始计划的，我们本来只想在家里进行庆祝，因为我们的'梦想成真'项目，都是关于我们自己家的。但我们也有不少外面的支持者，比如朋友们、叔叔阿姨们、学校老师和辅导员，甚至还有邻居。我们也希望能与他们分享。"

玛莎："别忘了，还有你呢！我们已经写了一份邀请函，打算用电子邮件发出去。妈妈说我们可以在这学期结束的时候在家里举办一个庆祝会，还有三周的时间。"

教练："太好了，这样每个人都有充足的时间为参加庆祝会做准备。"

乔希："是的，我们也是这么想的。我们会给你一个惊喜。你会看到的。一定会非常好，我保证！"

教练说："看来你们已经做好了充分的准备。我很高兴能参加你们的庆祝！"

在这次约谈之前并没有事先设定要谈什么内容，教练在这次约谈中就是跟随个案，带着好奇心引导对话，支持他们，即所谓的"退后一步的教练"（Steve de Shazer & Insoo Kim Berg）。作为教练，应始终保持"不知道"的状态。没有什么固定的方法或约谈框架可用，也无须预先构想下一步。只要"安住当下"，关注约谈过程中所呈现的那些重要和有用的信息，并加以利用。

实验："退后一步的教练"

"退后一步的教练"到底是一种什么方法？下面的练习由两部分组成，也许可以让你体验一下。

第1部分让你体验引领和跟随。第2部分的目的是帮助你对一些非语言的和带有能量的信号更加有所觉察，这些信号表明了你的搭档在这个练习中想要去的方向。通过保持密切接触，你可以非常巧妙地引导他……但值得注意的是，这里的巧妙引导实际上是一种跟随的形式！

你需要和一个伙伴一起完成这个练习。事先准备一个计时器。两人相向而站，保持合适的身体距离。双方均举起右手，手掌朝外，轻轻握住对方的手，或者将手掌轻轻放在对方的手上，以感觉舒适为准。练习中保持沉默，有助于你们集中注意力，效果更好。约定好由谁先开始，谁引导，谁跟随。你需要全部演练一番，这样你就既能学会引领，也能体会跟随的感受了。

第1部分

将计时器设置为2分钟，并按上述描述握住对方的手。同伴A，作为引领者，按照自己的意愿慢慢地向各个方向移动他的手，同伴B则在尽量保持手掌接触的情况下跟随同伴A移动自己的手。无论是作为引领者还是跟随者，都要细心体会自己的感受。当计时器响起的时候，放松一下，轻轻摇晃手臂缓解紧张。然后互换角色，重复这一部分的练习。

第2部分

将计时器设置为2分钟，再次将双方的手掌对放在一起。和第1部分一样，同伴A作为引领者向各个方向轻轻移动自己的手掌，同伴B跟随。所不同的是，同伴A（引领者）不能依据自己的意愿随意移动手的方向；相反，他需要通过手掌来感知对方（同伴 B）想要被带到哪里，来轻轻移动。双方在自己的角色里专注地"倾听"对方的意图，同时有意识地体会"引领对方"是一种怎样的感觉。计时器响起时，终止练习。轻轻摆动手臂放松之后，双方交换角色，重复这部分的练习。

练习后的问题讨论：

○ 第 2 部分练习里有什么不同的感受？
○ 如果有的话，在做动作的过程中，发生了什么变化？
○ 你最喜欢这个练习的哪一个角色及哪一部分，为什么？

观察

如果顺利完成练习，双方都能注意到他们之间的能量状况在两个练习中的变化。在第 2 部分练习中，两个人手掌移动的幅度应该变小了一些，双方对彼此的关注发生了变化，也许更加强烈了。双方应该会觉察到某种转变，甚至可以体验到一种类似催眠的状态，也可称之为"意识流的改变"。

在第 1 部分练习中，注意力是放在对方身上的，尤其是跟随者。而到了第 2 部分，双方的注意力既放在对方身上，也放在自己的内心体验上。

双方同时观察到了两个过程：一个是对方的，另一个是自己的内在过程。

对于有经验的观察者，可能还会有第三个视角。这个视角是内观者的视角，内观者以鸟瞰的姿态，对整个过程保持一个客观的总体概览，可以称之为"元视角"。

作为教练，你要尽可能不做任何判断或预测。你需要关注的是那些对个案有用的东西，而不是对你有用的东西！可以说，焦点解决教练更多的是在"邀请"或"协助"个案，而不是在"帮助"个案。"邀请"个案自己去发现、研究并运用他的能力和资源，你需要做的就是全然相伴。焦点解决教练最常用也是最理想的干预措施，就是提出问题后在脑海里数到20，甚至数到更多。不妨开玩笑地说，焦点解决的工作最适合"懒惰"的教练——尽可能少做事情！尽可能少地采取干预措施，这样带来的效果可能更显著。

你在阅读这本书时，会慢慢发现，运作"梦想成真"项目需要你抱持最高程度的临在和察觉，打开所有的感官，让你的眼睛和耳朵不错过任何有用的信息；保持大脑灵活，迅速作出决策。必要时及时改变方向；还需要有足够的耐心和同理心；更重要的是，愿意向内看，反思自己所犯的错误并谅解自己。

当你的个案在较短的时间内取得了极大的进步，越来越学会为自己的生活承担责任，勇于面对问题并找到解决方案，最终重获自信，敢于展望未来时，对你来说这就是巨大的回报。

> 功成事遂，百姓皆谓我自然。
> 老子（大约公元前6世纪）

后 记

在这本书的结尾，我们真诚地希望，借由这样的工作方式，你会在与青少年个案的工作过程中发展出或者恢复乐观的心态。我们也希望，你能够从他们看待世界的角度以及做事的方式中，发现或者重新发现那些值得学习的东西。当你教练青少年获得洞察力去理解这个世界时，你和他们的体验都会变得丰富起来。

这么多年来，我们和各个年龄段的人一起工作，如果说我们从中学到了什么的话，那就是我们自己也从他们身上学到了很多。更要感谢那些年轻人，感谢他们常常直面我们身处的陷阱和行为模式。不像年幼的孩子那样顺从，他们执着于探索自己的身份和生命成长之路。他们宛若一面面无情和不谄媚的镜子，照出我们的做派和缺点。就像许多服装店试衣间里的灯光会让我们看到"可怕的"真相一样，这些青少年也常常会——大多数是无意之间——让我们看到自己有待改进的部分。我们愿意与你分享的是：如果你愿意像你的年轻个案一样，以同样的勇气和青春的活力继续为自己努力，那么你就会学会适应每一次的"对峙"。你会发现它们其实是一份珍贵的礼物。的确，这是一份被打包在不同寻常的包装里的礼物，打开细看，才会发现里面那颗珍贵的宝石。

我们也希望这本书能够帮助你更加熟悉并理解"梦想成真"项目的教练流程以及焦点解决工作的一般性原则。也许你已经确信"梦想成真"模式是一种有效的方法，特别是在帮助那些年轻的个案设定目标、改变行为、发展新技能或者通过学习而提升能力的时候。现在，你知道了如何应用这些步骤来帮助他们解决问题。你也知道了当他们面对不可避免的改变时，你应该如何支持他们。虽然这本书主要介绍的是如何教练年轻个案，但你也了解了如何在团队中进行教练。

随着你对这个教练流程越来越熟悉，你可能会发现，这个用于支持改变和个人成长的指导手册不仅是一系列"技术规则"的汇编，更讲述了一种改变的哲学。这套教练流程为如何建设性地解决问题描绘了一个清晰的愿景。它帮助我们深度理解了动机的心理因素，以及如何运用这些因素来激发个案的动机。这套流程还有意识地激活了个案的周围环境，让他的朋友和亲人们都能积极地参与到他的冒险中。另外，这个项目重视充分开发和利用个案的社交网络资源，帮助他把期望的未来变成现实。

这是我们的希望，无论你是社会工作者、教师、辅导员、教练，还是治疗师，都有机会把"梦想成真"项目的做法整合到与年轻人的工作中。而你，也能体验到这个项目的活力。说实话，即使你只是被焦点解决的基本原则所吸引，并找到了把它们应用到你的工作或个人生活中的方法，我们也会非常高兴。

我们希望听到你运作"梦想成真"项目的工作体验，以便我们可以对这个项目继续改进。"梦想成真"项目还在不断改进与完善之中，这是一个持续的共同创造与合作的过程。

这是一本怎样的教练手册？

你是一名 11 岁 ~22 岁的青少年吗？你是否正在经历生命中不寻常的时刻？你正在遭遇很多的困扰吗？你想自己解决这些问题，改善自己的生命质量吗？

如果你的回答是"YES"，这本教练手册就是为你而设计的。它是一本基于"梦想成真"教练流程的练习册。"梦想成真"是赫尔辛基简快治疗研究所设计的旨在帮助青少年自我提升、自我成长的教练工具或方法。

无论你正在面临怎样的困境，抑或仅仅是想提升自己，都能从这个"梦想成真"教练流程中获益。它可以帮助你把这些问题转化成可实现的目标，并帮助你踏上实现目标的征途。

"梦想成真"教练流程由 11 个步骤组成，简单而有效。它能够帮助你克服各种问题。即使对一些暂时无法真正解决的问题，它也能够帮助你找到好一些的方式与其和解或共存。

"梦想成真"教练流程能够帮助你获得想要的积极改变，这一过程也是一个难得的学习体验，你会用不同的视角看待问题——无论是什么问题，都可以把它们转化为可以达成的目标或者是需要学习的技能。在此过程中，你可以获得家人和朋友的支持。

你可以独自使用这个手册。但是，为了使其发挥更大的作用，最好有一个成年人或者是一位教练在你的身边，陪伴、支持你探索"梦想成真"流程的每一步。为了能够更好地引导你，这位教练最好熟悉焦点解决心理学和梦想成真的教练流程。

"梦想成真"教练流程可以应用于个人教练，也可以应用于团体教练。在进行团体教练时，团队成员可以确定一个共同目标，也可以分别设定个人目标。而无论是为共同目标还是为个人目标而努力，整个团队都可以借助这个教练流程获得相互支持和鼓励。

"梦想成真"教练流程基于焦点解决的心理学原理，最初是由芬兰精神科医生本·富尔曼和社会学家塔帕尼·阿赫拉研发而成，后经荷兰的卡罗琳·贝默尔女士在实践中不断完善，逐渐形成大家今天所看到的这本教练手册。更详尽的有关"梦想成真"教练流程的内容，请阅读由本·富尔曼先生和卡罗琳女士合著的《儿童技能教养法》(11-22岁)。

"梦想成真"教练流程概述

1. **目标：明确你想要的目标**
   你想要怎样的变化？你想要学习什么？你想在哪些方面变得更好一些？

2. **好处：列出这个目标可能带给你的积极影响**
   实现这个目标能够带给你和其他人哪些好处？

3. **支持：招募支持者**
   你想邀请哪些朋友、家人或者其他什么人来帮助你达成目标呢？

4. **象征符号：为你的目标命名，并确定它的标识或象征符号**
   你想给你的目标起个什么名字？打算用一个什么标志或象征符号来代表它呢？

5. **相信和信心：找到乐观的理由**
   是什么让你和你的支持者相信你能够达成这个目标？

6. **资源：列出你的特长、技能和天赋**
   你有哪些特长、技能、天赋能够帮助你达成目标？

7. 测评：通往目标的旅程

   在通往目标的路上，你目前处在什么位置？

8. 行动：规划你的行动

   为了取得进步，你的下一步行动是怎样的？

9. 日志：记录你的点滴进步

   如何观察和记录你自己的点滴进步？

10. 应对挫败：为可能出现的挫败做好准备

    你打算如何应对可能出现的挫败？

11. 庆祝成功：为取得的成就感到骄傲

    达成目标之时，你要如何庆祝？你会用怎样的方式感谢你的支持者给予你的帮助呢？

THE GOAL

1

目标：
明确你想要的目标

你的第一个任务就是明确你想要的目标。
下面的问题可以帮助你厘清你在生活中想要的改变。

静下心来，好好想一想你现在的生活。此时此刻有什么事让你感到烦恼吗？有什么不如意的事吗？你希望有些什么改变吗？

_____

_____

_____

_____

为了让自己对生活更有满足感，你需要学习什么呢？需要拥有什么能力呢？或者你想在哪个方面变得更好一些呢？

_____

_____

_____

_____

假定在不远的将来，也许是从现在开始的几周或几个月之后，你实现了某些梦想而感到特别开心，那时你的生活会有什么不一样？让你感到开心的那些事都是什么？

_____

_____

_____

_____

请用几个词简单描述你的目标，并把它写到下面：

注意：描述想要的目标时，一定要确保使用正向的词汇。换句话说，目标不应该是"停止做"或"不做"错误的事，而是"去做"正确的事。

下表所示范例可以帮助你更好地理解这个原则：

问题	负面描述目标	正向描述目标
我吃糖果太多。	我要停止吃糖果。	我要吃坚果，不吃糖果。
我抽烟。	我要戒烟。	我要开始有节制地抽烟，每天只抽两根。
我吃了太多的垃圾食品。	我要停止吃垃圾食品。	我要开始健康饮食，多吃蔬菜。
我跟别人打架。	我要避免跟别人打架。	我要在即使别人招惹我的时候也能保持冷静。
我经常逃学。	我不再逃学。	我要每天按时上学。
我睡懒觉。	我不再睡懒觉。	我要每天早起，保证按时到校。

THE BENEFITS ②

好处：
列出这个目标可能带给你的积极影响

你现在的任务是要好好想一想，你选择的目标能够给你带来什么好处。

先找出这个目标能够带给你本人的好处，写在下面。
注意：好处找得越多越好。

然后继续找到这个目标给你身边的人带来的好处。同样，找到的好处越多越好。

SUPPORT ❸

支持：
招募支持者

▎接下来，需要列出能够帮助你或支持你达成目标的支持者名单。

你的支持者可以是你的朋友、家人或者是任何你能想到的能够以某种方式帮助你或者支持你达成目标的人。

_____

_____

_____

你需要把你设定的目标告诉他们，请他们做你的支持者，并告诉他们你希望他们用什么方式支持你，比如：祝贺你确定了目标，表达对你的信心，有兴趣了解你的每一个进步，给你一些靠谱的忠告，或者提醒你坚持到底的重要性，等等。

_____

_____

_____

支持者	这个人可以用什么方式帮助你?

SYMBOL ④

象征符号：
为你的目标命名，并确定它的标识或象征符号

为你的目标（也可以称之为你想要完成的"项目"）取个名字，找一个让你感觉心头一震的名字。名字要尽量简短，容易上口，有代表性。它可以很普通，也可以很滑稽，或者很高级，总之是你自己喜欢的就对了。

一旦为这个目标确定了你喜欢的名字，可以再找一个具体可见的东西作为这个目标的标识或象征符号。这个标识可以是一个能够代表你的目标且能帮助你记住该目标的图标；也可以是你喜欢的某个人的照片；还可以是一个具体的物件，比如一个首饰、一个 Logo，等等，总之是任何一件你喜欢的、能够看得见摸得着的、能够帮助你记住这个目标的东西就好。

当你向支持者解释这个目标时,记得告诉他们你给这个目标取的名字,以及你所选择的能够代表该目标的标识。

TRUST AND CONFIDENCE ❺

相信和信心：
找到乐观的理由

▎是什么令你对达成目标如此有信心？

列出到目前为止你已经采取了哪些有效措施，帮助你一步一步地达成目标：

_____
_____
_____
_____

回忆自己曾经有过哪些成就，把那些取得成功的经历写下来：

_____
_____
_____
_____

与你的支持者们交流，问问他们为什么对你能够达成目标充满信心。把他们所说的记录下来：

_____

_____

_____

_____

RESOURCES AND OPTIMISM 6

资源：
列出你的特长、技能和天赋

▎为达成目标，你都有哪些可以利用的资源？

你喜欢什么？擅长什么？有什么业余爱好？大家通常都是怎么称赞你的？人们都欣赏你的哪些方面？你有什么天赋？

_____

_____

_____

_____

把你的技能、天赋、能力和特长整理出来并写下来：

_____

_____

_____

_____

_____

现在，你已经整理出来了这张资源清单，请运用你的想象力，想一想你可以如何利用这些资源来帮助你达成目标。不妨花一些时间，让你的创意飞扬起来。无论你的目标是什么，一定有一些好办法，让你的这些资源充分利用起来，助你达成目标。

你将如何利用你的资源来帮助你达成目标呢？

SCALING

7

测评：
通往目标的旅程

要达成目标就像运作一个项目。你需要全面策划，从起点开始，沿着通向成功的路径一步一步地走过去。确保每时每刻都行走在这条路上。

下面是一条标注着 1 分到 10 分的量表：10 分代表你已经取得了成功，实现了目标；1 分则代表另一个极端，比如，你连想都没想过的状况，或者处在最糟糕的状态。

●-----●-----●-----●-----●-----●-----●-----●-----●-----●
1   10

现在，请回答下面的问题：

1. 10 分对于你意味着什么？如果你达到了 10 分，你的生活是什么样的？描述得越详细越好。

2. 目前你处于量表的哪个分值上？不必担心你的判断是否精准，只要根据自己的状况做个大致的评估就可以了。

●----●----●----●----●----●----●----●----●
1   10

3. 为了能够向目标更进一步，哪怕只是一小步，你能想到接下来要做什么吗？

4. 你想在这条路上走多远呢？你期待达到 10 分，还是只要到达小于 10 分的某处就很满足了？请标出你期待的那个分值。请描述一下，到达那个分值后是什么样的？

●----●----●----●----●----●----●----●----●
1   10

ACTION 8

行动：
规划你的行动

为了达成目标，你需要给自己一个承诺，制定一个具体的行动计划来保证事情在向前推进。

现在，到了承诺的时候了！你的下一步行动是什么呢？接下来的一周里，你要做些什么来保证你会取得进步呢？

从现在起，可以每周更新一次，为接下来的一周做个具体的规划，决定自己要做的事以便取得想要的进步。你的决定要合理，并记得把你的决定告诉你的支持者。不要承诺那些自己做不到的事，只承诺那些哪怕很小但一定能做到的事。

KEEPING LOG

❾ 日志：
记录你的点滴进步

为了保持动机，坚持记录自己的点滴进步是非常重要的。要记得写下你的决定，记录你所采取的行动、做了哪些改变，以及改变所带来的积极影响是什么。

坚持记录，可以确保你时时看到自己的点滴进步，珍惜这些进步，并跟你的支持者分享它们。

- 你想怎样记录自己的进步情况呢？有很多种方法，最好找到属于你自己的有创意的记录方式（可以跟你的教练讨论你的做法）。

可以透过回答下面这些问题来记录自己每周的进步情况：

上一周有了哪些进步？

_____

_____

1. 上一周你做了哪些事让你有了这些进步？

   谁留意到了你的进步？他们留意到了什么？

   _____

   _____

   你跟谁分享了你的进步？他们是如何回应你的？

   _____

   _____

2. 谁支持或者帮助了你？你要怎样感谢他们的付出？

   _____

   _____

PREPARING FOR SETBACKS 10

应对挫败：
为可能出现的挫败做好准备

在达成目标和学习技能的过程中不可能是一帆风顺的，一定会出现一些无法预测的挫败。

意识到可能会出现挫败，才能做好准备去应对它们。在通往成功的路上，你会预见哪些可能的挫败或不顺利呢？有哪些办法或者做法可以帮助你面对这些挫败？你的支持者能够帮助你应对这些挫败吗？你希望他们怎么帮助你呢？

CELEBRATING SUCCESS 11

庆祝成功：
为取得的成就感到骄傲

> 达成目标的时候，你应该为此庆祝。你想跟谁一起庆祝？如何庆祝？你要如何嘉奖自己？

- 做一个详尽的庆祝计划。达成目标之时，跟你的支持者一起庆祝吧。

每当取得进步时，无论进步大小，都要记得感谢你的支持者给予你的帮助和付出。

- 你的支持者是如何帮助到你的？你要怎么感谢他们为你所做的事或者给予你的鼓励？庆祝成功之时，你打算跟他们说些什么来感谢他们？

梦想成真

　　"梦想成真"项目基于焦点解决心理学，也被称为青少版的"儿童技能教养法"，是一个助力青少年自我发展的分步教练流程。它最初是由芬兰精神科医生本·富尔曼和社会学家塔帕尼·阿赫拉根据"重建"教练流程（参看《持续改变》）改编而成。它能帮助青少年树立自己的梦想，确认具体的目标，制定可执行的计划，一步一步让梦想成真。

　　这本练习册为你提供了使用"梦想成真"教练流程的简短教程，更详尽的指导可参阅本·富尔曼先生和卡罗琳·贝默尔女士合著的《儿童技能教养法》（11-22岁）。你可以在阅读这本书后，借助这个练习册，完整体验"梦想成真"教练流程的魅力。

　　这本练习册可以用作青少年自我教练的工具。但是，为了使其发挥最大的作用，最好能找一位熟悉这个方法的教练，一路支持你达成目标。儿童技能教养法官方网站（www.kidsskills.cn）为你提供了可选择的中国认证教练名单和联系方式，以及更多关于"梦想成真"教练流程和其他基于焦点解决原理的帮助儿童、青少年、家长和老师的工具。

　　我能行（北京）管理顾问有限公司是芬兰儿童技能教养法中国推广中心，也是赫尔辛基简快治疗研究所在中国唯一授权的合作伙伴，旨在合作培养中国本土的IASTI（国际焦点解决教学机构联盟）认证教练。

欲了解更多相关信息，请查看官网www.kidsskills.cn，或关注微信公众号"FURMAN教练技术"。
联系人：魏巍 13552992744（微信同号）